PASSION

「人生100年ずっと幸せ」の最強ルール

「パッション」の見つけ方

ボーク重子

小学館

はじめに

ワシントンDC郊外にある、オフィスビルの小さな会議室。外はひんやりする初秋の月曜朝だというのに、部屋の中は集まった20人ほどの人たちの熱気で汗が滲《にじ》むほどでした。

「WHO AM I?」と銘打ったそのワークショップは、NYで活動しているある心理学者が主宰し、年齢に関係なく誰でも参加できるというもの。テーマは文字通り「私は誰?」、つまり自分探しなのですが、平日午前ということもあってか集まった人たちの年齢は60代~80代で、一番若いのは50代の私、最年長は90歳だとおっしゃる女性でした。

「あなたはどんな人生を歩んできたか」「今の自分に満足しているか」などの話題で参加者がそれぞれに自分語りをしていく中、部屋の空気が一変したのはこの質問のあとでした。

「あなたのパッションは何ですか?」

その言葉を聞いた途端に瞳が輝き始めるのは、60代の方も80代の方もまったく変わりません。

みな話し始めると止まらなくなり、誰かの話に手を叩いたり、大きな歓声があがったり、お祭りのような盛り上がり方です。

「私のパッションは歌。教会のコーラスで歌っているときが最高に幸せ！」

「銃による暴力を無くす運動に人生をかけているんだ」

「ガーデン作りだよ。丹精こめたバラの花を近所の人に見てもらうのが至福の時なんだ」

そして、90歳の女性の番がやってきたとき、彼女は迷うことなくこう言いました。

「私にとっては、生きることそのものがパッションよ！」

毎日大好きな音楽を聴き、愛する家族と食事を楽しみ、おしゃべりすること。その一瞬一瞬に情熱を感じながら生きていると話すと、周りから拍手が起こりました。

パッションについて話すとき、誰もがみな、とても幸せそうで誇らしげです。どんなに過酷な人生を送ってきたとしても、いまその瞬間に語れるパッションがある人は、必ず大きな笑顔を持っています。それは年齢や性別に関わりない真実で、子どもでもパッションを持っている子は多少のことでは挫《くじ》けず元気で明るく、子育て中のお母さん、働き盛りのビジネスマンもまったく同じです。


そのことを知ったのは、今から15年以上前のことでした。

そもそも娘の幼少期に「自分で問題を見つけて解決する力」の芽を見て、その強みを伸ばしてくれるような学校を探していたのですが、見学で訪れたボーヴォワール校で私は大きなショックを受けました。

まず、この学校では、先生の話を子どもたちがそろって静かに聞くという風景は見られません。子どもたちは教室で各々好き勝手に時間を過ごしています。床に寝転がって絵を描いている子がいると思えば、スタッフとおぼしき大人と何か真剣にディスカッションしている子もいます。何人かで集まって自分たちのルール作りをしているグループもありました。4歳でもこんなに自主的に行動できるのだ、と大きな衝撃を受けました。日本の学校のような「勉強」メインの授業ではないのに、ここの卒業生たちは全米トップの大学に進学し、社会に出てからも活躍しています。

問題解決能力、共感力、想像力、回復力、コミュニケーション能力など、総合的な人間力「非認知能力」教育に主軸を置くこの学校に娘を通わせることを決めたのは言うまでもありませんが、この学校の先生方、そして生徒の親たちと話していて強く印象に残ったことがありました。

話をする度にみな「パッション」という言葉を頻繁に使うのです。「あの子のパッションは間違いなく数学にあるようね」「うちの子のパッションは詩を書くことみたい」「子どものパッションを応援していたら、それが自分のパッションであることがわかって」……。

この教育の鍵は「パッション」であることを確信したのと同時に、ボーヴォワール校に関わる大人たちの共通項が「パッション」であることにも気がつきました。子育て中のママもそれぞれ自分が夢中になれる「パッション」を持っていたのです。

ワシントンDCには、「あなたは何をしているの?」と聞かれて「主婦」「子育て」と答える人はいません。学校や病院でのボランティアをする人も多く、誰もが「自分は何をしているか」語るものを持っています。みなポジティブなエネルギーに満ちて輝いていて、誇りと共に、自分がしていることについて話します。

そんな中で、家事と子育て以外は何もせず「専業主婦」と名乗った後に、「自分は何をしたいのか」を語れなかった私の周りから、徐々に人がいなくなったのは当然です。またあとで触れますが、その頃から、私のパッションの旅が始まったのです。

そもそも、パッションとは何でしょう。

大好きでたまらないこと、やり始めたら時間を忘れるほど熱中すること、それこそが自分の生きる意義だと感じるほど、迸《ほとばし》る熱い気持ちを持てるもの。日本語では「情熱」と訳されますが、パッションという言葉は、少しだけニュアンスが違うと考えています。

それを心に抱いていれば、困難や逆境にさえ打ち克ち、常に前向きな人生・夢へとドライブしてくれる熱いエンジンのようなもの。また自分だけの「好き」で終わらず、必ず誰かのためになり、多くの人を巻き込んで大きなパワーになっていくものです。

人生100年時代、さまざまな困難がやってきても揺るがない心、どの年代においても幸せな心を持って生きるために必要なものは何でしょうか。

幸せな人生のエンジンになるものは何でしょうか。

——パッション。

私はこれこそが答えであると信じています。

朝学校や会社に行き、時間が来れば家に帰って寝る……を繰り返す人生。やりたいからというよりも、いつものことだからただ繰り返すだけ。そんな人生もあれば、毎日目を覚ますのが楽しみで、自分が何のために生き、どこに向かっているのかが明確で、ワクワクするような時間の連続、そんな人生もあります。両者の違いはたった一つ。それはパッションの存在です。

私のこれまでの著書を読んでくださった方から、「パッションが大切なことはわかるけれど、どう見つけたらいいのかわからない」という相談・質問を受けることがよくあります。この本がその答えになれば、と願いながら、お話を始めたいと思います。

CONTENTS

序章

「パッション」とは何か

"Only passions, great passions, can elevate the soul to great things."

Denis Diderot

パッション、熱いパッションだけが、魂を偉大なものに高めてくれるのだ。

ドゥニ・ディドロ（哲学者）

パッションが運んでくる3つの要素

パッションを持つことによって、あなたの人生はどのように変わっていくのでしょうか。

本章では、パッションの持つ大きな可能性についてお話しします。

「はじめに」でお話ししたとおり、パッションが人生の鍵だと気づいた私は、これまでさまざまな人の話を聞き、数多くの文献を読み、パッションが人生にどのような影響を与えるかを探求してきました。

その過程で、「もしも私にパッションがなかったら、幸せな人生を送ることはできなかっただろう」と語る多くの人に出会いました。単なる趣味や仕事の範疇を超え、それがなければ自分ではないと感じるもの——それがパッションです。

自分だけのパッションを見つけるということは、生きる意義を見つけ、楽しくワクワクする人生を生きると決めることなのです。

たとえば、カナダのケベック大学モントリオール校の心理学の教授、ロバート・J・ヴァレランド氏は、２０１１年に「パッションは人生の幸せに大きく貢献する」という研究結果を発表しています。

ヴァレランド教授は、パッションには、「健康的で日常生活との調和のとれたパッション」と「自分を縛ってしまう強迫観念のあるようなパッション」の2種類があると定義した上で、健康的で調和のとれたパッションはネガティブな影響を退け、心の安定や幸福度、豊かな人生、人間としての成長に寄与すると結論づけました。

ヴァレランド教授が指摘するように、取り憑かれたような強迫観念に近い情熱や熱狂は日々の生活や人間関係に悪影響を与えかねませんから、健康的なパッションとは言えないでしょう。個人的には、これはパッションというより妄想に近いものだと思っています。ですから、本書ではそれには触れません。

さらにヴァレランド教授は、調和のとれたパッションは、心をポジティブにすることに貢献すると言います。幸福度の高い人は、幸福度の低い人に比べて健康で良好な人間関係を持ち、仕事や活動のパフォーマンスレベルも高いという調査結果も出ています。

つまり、パッションを持てば、幸せになるだけでなく、健康になり、人間関係も良くなり、さらに仕事も順調になるということが、科学的にも証明されているというのです。

このように、パッションが可能にしてくれるのは自分らしく幸福に生きる人生ですが、その理由は、パッションが人生に欠かすことのできない「3つの要素」を運んでくるからだと思っています。

その要素とは、「エネルギー」「目標」「目的」の3つです。詳しくお話ししましょう。

1 パッションがもたらす1つ目の要素：エネルギー

パッションは、私たちに行動するためのエネルギーを与えてくれます。

私たちが夢に向かって行動を起こすとき、すべては「好き」から始まります。好きなことや得意なことだからこそ、時間を忘れて没頭できるのです。

好きなことだからこそ、苦しいことや辛いことがあっても、乗り越えられるのです。

好きなことだからこそ、毎日、その努力を継続できるのです。

そして継続するからこそ、上達できるのです。

さらに、だからこそ、たとえ失敗したとしても立ち直ろうと思えるのです。自分に才能がなかったのではなく、やり方が間違っていたか、自分の努力が足りなかったのだと考え、もう一度やり直してみようと思うことができます。失敗から何度も立ち上がる力も湧いてきます。

それは、苦手なことにも挑戦してみようとするエネルギーにもつながります。

「溢れる情熱があれば、人はあらゆることを成し遂げることができる」

アメリカの鋼鉄王と呼ばれたチャールズ・シュワッブはこう言いましたが、その反対に、パッションがなければ、何事かを成し遂げるまで努力や試行錯誤を続けることは難しいでしょう。

2　パッションがもたらす2つ目の要素：目標（どこに向かうのかというゴール）

パッションは、日々の生活に目標を与えてくれます。

目標とは、自分が「どこに向かうのか」という指針になるもので、私たちを前に進めるために欠かせないものです。

目標のない人生を生きるということは、航海図もないまま、目的地も決めずに大海原を漂流するようなもの。風が吹き続けていれば、船の燃料がなくても多少は前に進むかもしれません。でもそのときに吹く風によって、こっちに行ったり、あっちに行ったり。

また、航海は凪の日だけとは限りません。転覆しないように帆を支えているだけの毎日は、目先のことで精一杯。目標も航海図も持たない船は結局、最後は転覆するだけです。

人生だって同じです。パッションがなければ、運任せであちらこちらに彷徨《さまよ》う幽霊船のようになるのです。目標がなければ、他人に流されやすく、人の意見を常に気にする「受動的な人生」になってしまうでしょう。でも目標があれば、ポジティブで行動力のある「能動的な人生」を送ることができるのです。たとえ嵐にあったとしても、迂回を余儀なくされたとしても、必ず目標にたどり着くことができます。

3　パッションがもたらす3つ目の要素：目的（何のためにやるのかという理由）

「自分は〇〇をしたい」だけでは単なる自己実現の夢に過ぎませんが、「何のためにやるのか」という目的を持つと、パッションの温度はぐっと上がります。

自分だけが競争に勝ちたい、一番になりたいといった自己実現のためだけでなく、社会をより良くするため、あるいは誰かの役に立ちたい。

そうした思いが強ければ強いほど、共感を呼び、多くの人を巻き込んでいきます。

今、アメリカの多くの学校では、「自分の属するコミュニティや社会の一員として役立つために、自分に何ができるのか」という枠組みで夢をみることを教えていますが、そうした熱い思いを持ったとき、人は初めてやりがいや生きがいを持てるのではないでしょうか。

生きがいのある人生は、決してお金では買えないのです。

パッション前夜

今、日本のメディアでは老後生活の不安について触れない日はないでしょう。年金問題も国会やマスコミを騒がせています。

もちろんアメリカでも、お金に困らない老後を送る幸せな人ばかりではありません。

でも一般的な傾向として、将来のことを過度に不安視したり、心配しすぎたりするのではなく、「今、この瞬間をいかに全力で生きるか」に注力して前向きな気持ちで生きている人が多いように思います。そのとき大きなキーワードになるのが、パッション。パッションがあれば、「何のために生きるのか、どう生きたいのか」が明確になるからです。

あなたの人生を変えるパッションの力。

それは、「自分には無理」という思い込みや常識からの呪縛を解き放ち、辛いときにもやる気を起こさせ、あなたらしい生き方を叶える力です。

でも実は私自身、パッションも生きる意義も持たず、虚しい毎日を送っていた時期がありました。私はその時期を暗黒の20代と呼んでいます。

第1章に入る前に、パッションが私自身の人生をどう変えたかをお話ししましょう。


私は10代の頃、音楽の道に進みたいという夢を持っていたのですが、両親からは反対されていました。そこで20歳のとき、得意だった英語の勉強のためと偽って音楽での成功を夢見てイギリスに留学したのです。

でも、あっという間に行き詰まり、早々に諦めることになりました。

音楽という目的を失った私は、とりあえず英語だけは勉強して一年後に帰国し、大学に戻ります。私が唯一毎日大学に行く理由だった軽音サークルをやめてしまい、特に勉強がしたかったわけでもありませんでしたが、卒業しておくほうが有利だと思ったから通い続けたのです。その後普通に就職でもできればと考えていました。ところがそんな「普通のこと」が地方出身の私にはとても難しいということを、4年生になって知りました。今では考えられないかもしれませんが、当時は地方出身で自宅通勤できない女性は日本の大手企業への就職は難しかったのです。働く女性の多くが「単なるお嫁さん候補」「腰かけ」と思われていた時代でしたから。

地方出身がハンデにならないのは外資系企業しかありません。就職は東京でしたかったのですが、地方出身というだけで価値判断されるのは本当に嫌でした。ですから、外資系企業の就職に有利になるよう、今度はアメリカ・ボストンの秘書養成学校に通うことにしました。

結局、大学生のとき就職活動は一切せず、留学に向けての準備に時間を費やしました。秘書学校では、英語の速記やタイピング、簿記、上司のスケジュール管理など、秘書業務に必要な実技を徹底的に叩き込まれました。最初の頃こそ向上心に燃えていた私ですが……、そうした勉強をすればするほど、次第に「この仕事、私には向いていないかもしれない」と感じるようになりました。確かにすべて、身につけておけば役立つスキルなのですが、つまらない。興味がない。やる気が出ない。何かが違う。自分じゃない。そんな思いにさいなまれながらも、「お金を払っちゃったから」という義務感のようなもので乗り越えた1年間でした。

それでも、帰国後はその学校を出た実績も買われ、条件のいい外資系企業に就職することができました。当時、外資系企業の重役秘書《エグゼキュティブ・セクレタリー》はキャビンアテンダントに並ぶ超人気の職業だったのです。お給料もいいし、華やかだし、何しろ「エグゼキュティブ・セクレタリー」というタイトルが、おしゃれで格好いいじゃないですか。そもそも私が外資系秘書を目指したのもその響きがよかったからでした。

でも、そこで私を待っていた現実は、耐えがたいほど退屈な日々だったのです。

ボストンの学校で感じていたように、私はその仕事にパッションも意義も見出すことができませんでした。仕事に一つでも好きな作業があれば良かったのですが、ボスの命令を聞くことも、ボスに言われる前に察知して仕事をすることも、秘書らしく振る舞うことも、何一つとして得意ではありませんでした。仲の良い先輩にもこう指摘されてしまいました。

「この仕事、あなたには向いていないんじゃない？　自分に向かないことを1年以上続けちゃったら、そこに居座るしかなくなって、きっと人生がつまらなくなるわよ」

さらに、性格の合わない外国人重役には毎日のように意地悪をされ、衝突していました。先輩が指摘していたように、結局、1年ほどで会社を退職しました。

私は自分に向かない仕事はもうこりごりだと痛感し、次こそ自分に向いている仕事に就こうと、フランス系の企業でリサーチャーの職を選びました。テクノロジー関連のコンサルティング会社でしたが、フランス語と英語ができ、リサーチが得意だった私にとって向いていると思えたし、お給料がすごくよかったのです。

しかし、残念ながら、転職後もパッションのない日々は変わりませんでした。

光ファイバーなどハイテク分野のニュースレターを作っていましたが、私は特にテクノロジーに興味を持っていたわけではないからです。出勤し、海外のニュースを翻訳してニュースレターを作っては、定時に自転車で帰る日々。仕事の条件や待遇に不満はないのですが、何しろ仕事の内容に興味や関心を持てないのです。「何かを学びたい」という強い意欲も湧かなければ、家に帰ってもすることがない。私は自分が本当は何をしたいのかをよくわかっていませんでした。いえ、本当はわかっていたけれど、見て見ぬふりをしていたのだと思います。

唯一の救いは、お給料が良かったので、お金がどんどん貯まっていったことでした。当時の私は、流行っていたMBA（経営学修士）をとるために海外に留学しようと考えていました。成功する人＝MBA、のような風潮もあって、本当に多くの人がMBAを目指していました。そのための「貯金」という目的があったから、仕事にパッションを感じられなくても何とか続けられたのです。

でも、いろいろ調べてみると、MBA留学のためには英語力の他に数学力や論理的思考力などが試されるGMATという試験を受けなければいけないのですが、この試験にパスするためには、私の場合は中学の数学から復習しなければいけないことがわかり、結局MBA留学も諦めることにしました。

こんな挫折の繰り返しも、考えてみれば当然ですよね。なぜなら、私は経営学に興味を持っていなかったのですから。そもそも私は数字が大嫌い。当時の私は、「女性にできる仕事のうち、世の中的に正しい答えはどれか？　かっこいい仕事は何か」という思考回路に縛られていて、「自分は何をしたいのか？」「何のために仕事をするのか？」なんて一度も考えたことがなかったのです。

当時のことを思い出すと、今でも憂鬱な気分になります。

特に嫌でたまらなかったのは、外資系企業の人たちが集まる華やかなパーティでした。パーティの主役は、大きな野心を抱き、ビジョンや夢に向かって邁進している自立した女性たち。パワースーツに身を包み、スニーカー通勤するような、映画『ワーキングガール』から抜け出たような女性たち。彼女たちが「私はこんな仕事をしたい！」「独立してこんな会社を作りたいの！」と目を輝かせながら、自分のパッションや仕事の意義についていきいきと語り合っているその横で、「○○でリサーチャーをしています」と自己紹介するたび、私はとても惨めな気分になっていきました。外資系企業に勤務していたことで彼女たちの仲間に入れてもらっていた私ですが、実は、そんな彼女たちのことが嫌でたまりませんでした。

いいえ、本当は羨ましいだけなのですが、それを素直に認められないのです。

結局、２つ目の会社には3年勤めましたが、やりがいを感じたことは一度もありませんでした。「私はいったい何をやっているんだろう？」と、虚しさばかり感じる毎日でした。

第1の転機：その芽は小さなギャラリーで生まれた

そんなふうに悶々とした日々を送っていた私ですが、実はそうした中にも、一筋の光のようなものがありました。いつも頭の隅っこに、ある女性の姿があったのです。

それは、私が21歳のときにアメリカで出会った日本人女性でした。

その女性はニュージャージーでアートギャラリーを開いていました。ビルの2階にある小さなギャラリーでしたが、実際には、大物政治家や各界のセレブを顧客に持つ、年商200億円もの超有名ギャラリーだったのです。

たまたま知り合いに紹介してもらってご縁ができたのですが、親切な彼女は私をメトロポリタン美術館に連れていってくれ、自分のギャラリーにも招待してくれました。そのギャラリーに飾られていたのが、彼女が自らエクアドルの山奥まで行って見つけてきた画家の絵で、同じ画家の絵が当時のアメリカ副大統領の部屋に飾られているというのです。

まだ世の中に知られていない画家やアートを「発掘」するため、世界を股にかけて飛び回るギャラリーオーナー。そのイメージはとても新鮮で、私は一瞬で魅了されました。

「かっこいい！　まるでインディ・ジョーンズの世界みたい。そんな仕事の仕方が現実にあるなんて」

私の脳裏には、新しい絵を探し求めて、アフリカやアジアの街や村を縦横無尽に旅する自分の姿がありありと思い浮かびました。

私のパッションの「芽」が生まれた瞬間です。

でも、すぐに私はそのイメージを打ち消しました。私には分不相応。どうせ無理に決まっている、と。

「分不相応」、嫌な言葉ですよね。今では、自分にも他の人にも使うことはありませんが、当時の私はその言葉をよく使っていたのです。

きっと彼女がすごいのは、特別な経歴を持っていて、ご主人はフランス人で、お金持ちで、海外に住んでいるから。私とは別世界の人だから。私なんかがそんな欲を持ったら、罰が当たるに決まっている。そう思い込み、いや、言い訳をして、パッションの芽を自分で潰していたのです。

当時の私の自己肯定感は、最低でした。

そんなある日、思いがけない方角から転機がやってきました。それも、唐突に。

30歳目前で、それまで2年もつきあっていた恋人にあっさり振られたのです。「君は結婚したらどう生きたい？」と外国人の彼から聞かれた私が、「あなたの子どもを産んで、あなたと子どものお世話をして、一緒に歳を取ります」と答えると、彼は「それだけの女性なら、僕はいらない」と言って私の前から去っていってしまったのです。当時の私がどれだけ自分の意思を持たず、受動的な人生を送っていたかがわかるでしょう。茫然自失とは、まさにこのこと。いきなり夢見ていた結婚がダメになって、思い描いていた未来がガラガラと崩れ落ちたのです。私は途方に暮れながら、これから先は一人で生きていかなければならないのだと覚悟しました。

そうなると、当時のリサーチャーの仕事で一生やっていくのは無理だと思いました。好きな英語とフランス語が使えて得意なリサーチをするから向いていると言えなくはないけど全然楽しくない、好きじゃない、やる気が出ない。一生続けると思うとゾッとする。とは言え、転職するにしても、やりたい仕事が思い浮かびません。ただ、外資系に勤めていて家に帰ってもやることがなかったため、幸いなことにお金はかなり貯まっていました。

そのとき、あのギャラリーオーナーの女性の姿が脳裏に浮かんだのです。

「今こそ自分の一番やりたいことをやってみよう」と思いました。「思い切って、アートの世界に飛び込んでみよう、今しかない！」と。見て見ぬふりをしていた私の心の中の

「好き」に勇気を持って向き合うことになるきっかけがふられたことだなんて、本当に人生何が幸いするかわかりませんよね。

仕事を辞め、ロンドンの美術系大学院サザビーズ・インスティテュート・オブ・アートで学ぶため日本を旅立ちました。忘れもしない、30歳の誕生日の一週間前でした。

アメリカでパッションの芽を見つけた私は、どうせ自分には無理だと言い訳をして、その芽を見ないように、考えないようにして生きてきました。

でも、私の人生はもう終わりだと思った途端、パッションの世界に踏み込む勇気が出てきたのです。人生の底まで行ったら、あとは上に向かうだけ、ということでしょうか。

アートというパッションの芽を見つけ、思い切って飛び込んだ私の人生は、そこで一変します。

何しろ、これまでどんな勉強をしても一度も面白いと思ったことがなかったのに、サザビーズの授業では「学ぶって、こんなに楽しいことだったの?」と自分でもビックリするくらい、熱中できたのです。「勉強＝テスト」という環境で育ってきた私にとって、テストがすべてエッセイ方式だったことも新鮮な驚きでした。どれだけ相手を説得させられるかが決め手で、そこに「共通の正解」はないのです。

中世絵画も印象派も、またインテリアや家具などの工芸美術も興味深く学びましたが、特に現代アートやフェミニズムアートには惹かれました。中でも、授業の一環として展覧会の企画を立てることがありましたが、それは得意中の得意でした。どんなアーティストのどの作品をどこに飾るか、壁の色はどうするか、アーティストの旅費や滞在費は、オープニングパーティーは、招待状のデザインはどうするか……その作業のすべてが楽しかったのです。

まさしく、これが私の好きなこと――パッションだったのです。

サザビーズで現代美術史の修士号を取得した私は、その後、休暇中にフランスの語学学校で、後に夫となるアメリカ人・ティムと出会い、結婚することになります。

そして、夫の住むアメリカのワシントンDCに渡った後、娘のスカイを出産するのですが、私のアートに対するパッションの炎は静かに、そして熱く燃え続けていました。渡米して最初に訪れたのは女性アーティストの作品だけを集めた美術館でしたし、いつも気になるのは美術館の展覧会ばかりでした。

渡米翌年の１９９９年には、ワシントンDCにニューヨークやロンドンでしか見られないような現代アートのギャラリーが作られたのですが、そこを訪れて素晴らしいと思うと同時に、「これは私がやりたかったことなのに、先にやられてしまった！」という悔しさの両方の感情を味わうことになりました。

こうした悔しさや嫉妬の感情というのは、使い方を間違わなければ、パッションを育てる栄養にもなります。

そしてこの時期、もう一つの転機が訪れます。

旅先のサンフランシスコで、ベビーカーでも入りやすいというだけの理由で入った美術館で出会った中国の現代アートが、私のその後の人生を大きく変えることになったのです。

当時、中国の現代アートは、世界にはほとんど知られていない存在でした。世界中に衝撃を与えた天安門事件から10年も経っていない共産党政権下の中国で、実は密かに、自由で先進的なアートが花開きつつあったのです。それは私にとって衝撃的とも言える出会いで、サンフランシスコの美術館で、自分の目で見たものが信じられませんでした。

そこで帰宅後にインターネットでよく調べてみると、中国政府の弾圧から逃れるように、北京郊外にアーティストたちがひっそり暮らしながら斬新な作品を作り続けている芸術村があるというではありませんか。

それを知ったら、もう行かないわけにはいきません。

私は夫と一緒に、小さな娘を連れて北京へ飛びました。

現地ではなんとスパイに間違われたりライフル銃を突きつけられたりしながらも、さまざまな幸運が重なって芸術村に辿り着くことができ、アーティストたちとの交流も始まりました。

まさに、昔の私が夢見ていた「インディ・ジョーンズの世界」だったのです。

第2の転機：「好き」を掘り下げる日々

でも、それから物事が一気に順調に進んだというわけではありません。

私の中に灯ったアートというパッションは、その時点では、いつでも吹き飛ばされそうな、ごくごく小さな芽にすぎませんでした。アートが好きとは言っても、実績もコネもありませんから、それをすぐに仕事にできるわけではありません。

また、当時は娘を出産したばかりで、母親は子どもの世話に集中するのが当たり前だと思っていた私には、自分がやりたいことをするという選択肢は持てませんでした。

でも、そんなときに周りを見てみると、ワシントンDCの周りの母親たちはエネルギッシュに自分のやりたいことを仕事にし、ボランティア活動などをしています。家庭の環境などに関係なく、やりたいことを自分で切り開いていく人ばかりでした。彼女たちは自分らしい人生を実現するために、自分ができうる最大限の生き方をしていたのです。

さらに私に衝撃を与えたのは、娘が通った学校、ボーヴォワール校の教育方針でした。「はじめに」でも触れましたが、ここでこのボーヴォワール校について、さらに説明させてください。

私が子どもを授かったとき、最初に頭に浮かんだのは、「私と同じように生きてほしくない」ということでした。それまでの私のように、何かを始める前から諦めてしまうのでもその日暮らしをするのでもなく、我が子には自分から一歩を踏み出し自ら切り開いていく人生を歩んでほしいと願っていたのです。

そこで、私は本を読んだり、研究機関の人たちに直接話を聞きに行ったりして、我が子に最適な子育て方法の情報を集めていきました。幸い、ワシントンＤＣには研究機関が集まっていて、専門家もたくさんいました。

また、娘の通う幼稚園や小学校についても、たくさんの学校を見学しては、先生たちに話を聞き、夫婦でよく話し合いました。その結果、私たちは公立校という選択をやめ、娘を幼稚園から高校まで続く私立校、ボーヴォワール校に通わせることにしたのです。

ボーヴォワール校は、幼稚園から小学３年生までは共学で、４年生から高校生までは男女別学になります。そして、その後はハーバード大学やコロンビア大学などのアイビーリーグの名門校に多数の合格者を出していました。

それにもかかわらず、前述したように、この学校は日本の学校とはまったく違います。小学校の低学年までは勉強を詰め込むような英才教育は一切なし。それどころか、教科書すら使わないのです。九九も教わりませんし、宿題も出ません。

ここでは、「子どもは子どもらしく、伸び伸び育てる」という教育方針のもと、「自分で考える力」や「自分から実行する力」、思い込みなどに惑わされない「論理的思考」という3つの思考力を伸ばす教育に力を入れていました。

たとえば、この学校では、先生は「1＋1＝2」とは教えません。子どもたちを机に座らせて一方的に教えるのではなく、子どもたちに手本を見せながら、気づいたことを尋ね、一つひとつ子どもたちに発見させていくのです。日本で普通の教育を受けた私にとって、それはもどかしいほど遅々とした歩みでしたが、先生たちは、子どもたちが学ぶ楽しさを知るためには大切な過程だと考えていました。

なぜなら、この学校ではＩＱや学力テストなどで表される「認知能力」ではなく、リーダーシップやコミュニケーション能力、誠実さや忍耐力といった「非認知能力」を伸ばすことに力を割いていたからです。

非認知能力とは、従来の学力とは異なる数値化できない人間力のことですが、これらの力を伸ばすことによって、子どもの将来の年収や学歴、職歴に好影響を及ぼし、成功のための重要な要因となると言われています。

そして前述のように、このボーヴォワール校で教師がことあるごとに触れていたのが、それぞれの子が持つパッションを見つけ、育てることの重要性でした。パッションは非認知能力を高める入り口だからです。

教師は、子どもに「あなたは何をしたい？」と頻繁に聞いていました。その子の持つ能力を最大に発揮するためには、子どもを一つの型にはめるのではなく、その子が持つパッションを伸ばすことが大事だと考えていたからです。

好きなことに没頭するからこそ、子どもの心はポジティブになります。そんなとき、子どもは多くのことを吸収しようとします。好きなことをやることを通して子どもたちはあきらめない力や何があっても立ち上がる力、柔軟性や社会性など目に見えない力――非認知能力を伸ばしていきます。だからこそ、人生の成功と幸せに大きく関与する非認知能力を伸ばすため、子どもの好きなこと、パッションを見つけるお手伝いをするのが大人の役割だというのです。

私は日本の学校との違いに驚きながらも、その方針に強く共感しました。

かつての日本の教育では、常に「正しい答え」が求められてきました。それはテストの回答だけでなく、生き方についても同じことが言えるのではないでしょうか。いい大学に入る、いい会社に入る、その会社で出世する、その会社で定年まで働く……。多様な個性を持つ人たちが、一様に模範的な回答を求めて生きてきたように思うのです。

でも、本来、生き方には万人に共通の「正しい回答」など、あるはずがありません。その人自身が自分で探し求め、作っていくものです。

その元になるのが、パッションなのです。自分が何を好きか、自分は何をしたいのか。そしてどう生きたいのか。その人が心の底から感じるパッションこそが、それらの自問に自分なりの回答を与え、生きがいのある人生を作っていくのです。

そうした考え方に触発され、夫にも背中を押してもらった私は、「それなら私自身は何をしたいのだろう？」とじっくり考えて、アジアの現代アートギャラリーを開くというパッションを再確認したのです。

そして、数年間をかけて私は自分のパッションを育てていきました。

アート界でのキャリアも持たず、強力なコネもない私が当時持っていたのは、サザビーズで得た修士号と、「アートで仕事をしたい！」というパッションだけ。でも、考えているだけでは何も始まりません。行動あるのみです。

最初に、私はある美術館を訪ね、お金はいらないのでどんな仕事でもいいから、仕事をさせてほしいと申し出ました。すると、美術館の隅っこの部屋ではたきをかける仕事を頼まれたのです。はっきり言って誰にでもできるような雑用です。修士号も美術の知識もまったく関係ありません。しかも無償。

でも、こうした仕事を一つひとつ丁寧にこなしていくうち、美術館でのさまざまな仕事を理解していき、任せてもらえるようになっていきました。

私はそこでアートの世界の知識や常識を学び、業務を覚え、スキルを磨き、パーティなどに出席しては、少しずつ経験と人脈を築いていきました。

一つひとつは些細で単純な仕事でも、大きな目標があれば、どんなことでも意義のある仕事に変わっていきます。私にとっては、どんなことでもギャラリーオープンのための糧になったのです。

第3の転機：周囲を巻き込む大きなパッション

美術館でのボランティアを続けるうち、私の中のアートというパッションが少しずつ育っていきました。また、当時のワシントンDCではIT系企業がいくつも立ち上がり、若い住民が増えるなど、時期的にも現代アートを後押しする好機が訪れていました。

でも、当時の私は「アートギャラリーを開く」というゴール、つまり目標は明確に持っていましたが、「何のためにやるのか」という目的は、まだはっきりしないままでした。強いて言えば、自己実現、自分という人間の証明、そんなことでしょうか。

そんなとき、またもや私は、ボーヴォワール校の教育に触発されることになります。ボーヴォワール校では、夢を持つことの大切さを教えていましたが、日本の学校での教え方とはまったく違うのです。

先生たちは子どもに「あなたは、何になりたいの？」と聞くのではなく、「あなたは、皆のために何をしたいの？　そのためには、どうすればいいと思う？」と聞いていました。前述したように、夢を自己実現の範囲で終わらせず、社会やコミュニティという大きな枠の中で自分に何ができるかを問うていたのです。

それを聞いて、私はハッと思い当たりました。自分のこととして考えてみると、それはよくわかります。単に「アジアの現代アートのギャラリーを開きたい」と言っているだけなら、独りよがりのパッションに過ぎません。それなら、一人で現代アートのコレクターになればいいだけの話です。

では、私はなぜアジアの現代アートのギャラリーを開きたいのか。お金をたくさん儲けたいから？　それとも、これまでアートを学んできた自分自身を証明したいから？

さらに、アジアの現代アートのギャラリーを開くことによって誰かの役に立つことができるかどうかもじっくり考えました。私が社会の役に立てることはあるだろうか、と。

そして、こう思ったのです。私はアジアの人々の素晴らしさを多くの人に伝えたい、今のアジアの姿を皆に知ってほしいのだと。

当時、アメリカ社会にアジア製品は浸透していましたが、アジアの人々の社会的地位は今よりずっと低いものでした。特にアートの世界では、アジアは遅れていて、現代アートなんて無理だと思い込んでいる人がほとんどでした。

でも、現代アートこそユニークで自由な発想が尊重される世界のはず。「これが正しい」という正解なんてありません。だからこそ、まだ多くの人に知られていない斬新なアジアのアートを紹介することは、アジアの魅力を大勢に伝えるだけでなく、アートの可能性をさらに広げるに違いないと考えたのです。

こうして、私のパッションが「私だけのもの」から「多くの人を巻き込むもの」に変わったとき、周囲の反応が一変しました。「絶対無理」から「こんな風にしてみたらどうだろう」「応援してるよ」と、私の話に耳を傾けてくれる人が現れ始めたのです。人から人へ紹介されるようになり、人脈もどんどん広がっていきました。私のパッションの芽が、周囲を巻き込む「大きな炎」に変わったときでした。

その結果、渡米から6年後の２００４年の春、私はワシントンＤＣにアジアの現代アートを紹介するギャラリーをオープンすることができたのです。

その2年後には、現代アートの世界でアジアの一大ブームが起き、ワシントンＤＣのアート界に多様性をもたらしたことが評価され、『ワシントニアン』誌上で、オバマ前大統領（当時は上院議員）らとともに「ワシントンの美しい25人」の一人に選ばれることになりました。

このように、パッションを見つけ、育てるまでには長い時間がかかります。私もパッションを持ってアートの世界で生きることを志してから、ある程度の成果を得るまでに10年以上かかりました。

大事なのは、その長い期間、パッションの火を燃やし続けるということです。

さらに大事なのは、自分のパッションの芽は自分で見つけるということです。

講演などでお会いする方々に話を伺うと、その多くが「もちろん、パッションのある幸せな人生を送りたい」と切実な表情でおっしゃいます。そして、こう続ける方が多いのです。

でも、自分のパッションなんてわからない。どうやって見つけたらいいかもわからない、と。

大丈夫です。

あなたの心の中に、今もパッションの芽はきちんと育っています。そして、あなたに発見されるのを待っているのです。

あなたにはやりたいことがあります。生きたい人生があります。心のどこかにあなたのパッションの芽は潜んでいます。パッションは、心のどこかであなたが見つけてくれるのをじっと待っています。

だから、見つけてあげましょう。

パッションを見つけて、育てていく方法はあるのです。

第1章

子どもの可能性を広げるもの

"I have no special talents. I am only passionately curious."

Albert Einstein

私には特別の才能などない。あるのは溢れるような好奇心だけ。

アルベルト・アインシュタイン（理論物理学者）

AI時代の今こそ、パッションが求められている

「はじめに」で触れたように、子どもが育つ過程にもパッションは欠かせません。むしろパッションと生きる土台を作るためには、幼児期からティーンネージャーまでがもっとも大切な期間となります。この章では、パッションを持つ子どもに育てるために、周囲の大人ができることをまとめます。

その子が強いパッションを感じれば、やる気とエネルギーが湧いてきます。やる気とエネルギーがあれば、努力を続けられます。努力を続ければ、目標を達成できます。目標を達成すれば、自信を感じ、心がポジティブになるのです。そして、人生の幸せと成功に必

須の非認知能力を確実に高めていきます。

こうしたことが、子どもの成長に良い影響を与えないわけがありませんよね。

それに加えて、時代の変化も、パッションのある人材を求めるようになっています。

特に、アメリカをはじめとする先進国では、テストの点数だけで子どもの能力を判断する「点数至上主義」の時代は、もはや終わりを告げました。

現在、アメリカの大学の入学試験では、ＳＡＴと呼ばれる入試テストの点数だけでなく、高校までの成績と人物評価、さらに大学独自のエッセイ、自己紹介文などが評価の主な対象になっています。どれだけ社会やコミュニティに貢献できる人物か、リーダーシップを発揮できる人物か、課外活動でどんな活動をしてきたか、芸術やスポーツなど多方面で活躍してきた人物かといったことが総合的に評価されるのです。

つまり、社会をより良くするために「こんなことがしたい」という思いを持っている人こそが求められているということです。

多様性に溢れ、ＡＩ（人工知能）が進化する時代に必要なのは、正解のある問題に早く正しく答えられる人材ではなく、一つでもいいから「私はこんなことをしたい！」「これなら自信を持ってできる！」「これで社会をもっと良くしたい！」という強い情熱を持った、まさに「出る杭」のような人材なのです。

そのため、アメリカのエリート学校では、幼少期からその子のパッションを見つけることに力を注いでいます。

もちろん、家庭でも、子どもがパッションを見つけて育てることを手助けすることは、親ができる最善の仕事です。実際、アメリカではママ友の口からよく「パッション」という言葉を聞いたものです。もちろん将来、社会で活躍するためにも、また大学に入学するためにも学力は欠かせませんが、それ以上に、子ども時代にどれだけパッションを持つことができるかを重視する人は少なくありません。好きなことに打ち込むことで、人格形成の大切な時期に人間の基本的な力を育んでいくからです。

あるママ友は、「失われた機会」という言葉を使ってこう話しました。

「子どもの一番大事な時期に勉強ばかり押し付けていたら、パッションを持つことに楽しんで打ち込める時間が失われてしまう。そしたら、その子はどんな大人に育つの？」

子どものパッションを育むために十分な時間を取りたいと思う親が増えているのです。

こうした風潮は、今やアメリカだけにあるわけではではありません。

日本でもＡＯ入試を採用する大学が増えるなど、学力偏重の時代から、人間力が問われる時代へと変化しつつあります。

ＡＯ入試とは、その学校で何を学びたいのかという学習意欲や、社会とどう関わって生きていくのかという社会性、人生をどう前向きに生きていくかという主体性などが評価される制度です。その学校の期待する人物像に合う人物かどうかは、面談や面接、作文などによって総合的に判断されます。

さらに、２０２０年度の教育改革後には新規の「大学入学共通テスト」が導入されますが、そこで問われるのは、思考力・判断力・表現力、そして学びに向かう力などです。中でも、主体的に問題を解決していく力が重視されると言われています。

そんなとき「自分は何のために生きているのか」という軸がなければ、面談や面接、作文などで自分自身を十分に表現することは難しくなるでしょう。

好きなことや得意なことをやっている子どもは、自分に対する思いもポジティブになり、自信を持って表現できるようになります。

また何かに挑戦すれば、どこかで失敗や挫折などが必ずあるものですが、それを乗り越えるという経験を積むことが、子ども自身のやり抜く力や回復力を鍛え、自己肯定感を育みます。

さらに、自分の好きなことや得意なことがある子は、もしも学校や友達関係などで悩みが出てきたとしても、「自分にはこれがある」と前向きに生きることができます。そうして自分の人生に対する満足感や幸福感が高まり、自分らしい人生を幸せに生きるという成功を手にすることができる。パッションは人生100年時代という長い人生を幸せに生き抜くことを可能にする最強の要因なのです。

大学がパッションの成果を評価する時代

「でも、好きなことばかりやっていたら、子どもは勉強しなくなってしまうのでは?」

時々、そんな心配をされる方もいますが、私は、無用な心配だと思っています。

もちろん例外もありますが、自分のやりたいことが明確な子どもは、宿題やテスト勉強など、やらなければならない他のことも、きちんとやるようになることが多いからです。限られた中で時間を効率的に使おうとするため、自然に集中力と自制心が育つのだと思います。

以前、フィールドホッケーに夢中になっている高校生に、時間の使い方を聞いたことがあります。彼は毎日の厳しい練習をこなしながらも、優秀な成績を保っていたからです。

彼はこう話していました。「できる限りフィールドホッケーの時間を作りたいから、勉強は効率的にやっているよ。効率的に勉強する方法は自分でよく考えたんだ」。そして、その方法を毎日実行しているというのです。

彼は自分のパッションを叶えるために、やらなくてはいけないことを、自分を律して効率的に実行するようになったのでしょう。パッションが、子どもの主体性や計画性、自制心、実行力、やり抜く力などを伸ばす好例です。さらに、それを毎日続けていることが、子どもの自信や自己肯定感を高めます。

親が「勉強しなさい」と言って強制するより、ずっと効果的でしょう。パッションは子どもを「自分からやる子」にするのです。

我が家の娘、スカイのパッションの一つは、5歳から始めたバレエでした。

我が家では「その習いごとをすることで、パッションを持てるかどうか」を重視して15ほどの習いごとに挑戦させてきましたが、スカイは最終的にバレエを選びました。

実はバレエを始めてからわかったのですが、スカイの骨格は完璧なバレエ向きとは言えませんでした。そのため人よりずっと努力しなくてはなりませんでしたが、「バレエが好き」という気持ちが、毎日の努力を可能にしていたのです。

実際、娘は同じことを何度も繰り返す辛い練習にも打ち込み、バレエを辞めたいと言ったことは一度もありません。やがて、プロから声がかかるまでの腕前になりました。

また、高校生のときは毎日、往復2時間かけてバレエのレッスンに通っていましたが、進学校の勉強と厳しいバレエのレッスンを両立させていて、どちらかを疎かにしたり、弱音を吐いたりすることもありませんでした。

彼女は、大好きなバレエを通じて社会貢献活動にも励んでいました。貧困層の子どもが多く住む街でバレエを教えるボランティアをしていたのです。

こんなエピソードがあります。スカイは、バレエと同じくらい数学にも強いパッションを持っていました。彼女はそのボランティアを続けるうち、そこに集まってくる子どもたちには、数学が苦手な子が多いことに気がつきました。

そこでスカイは、「バレエを踊りながら算数を学ぶ」というクラスを作ったのです。

実は、スカイによれば、バレエでは丸や長方形、対角線を描くように腕を動かしたり、1、2、3とカウントしたりするなど、数学と共通する要素が多いといいます。私はまったく気づきませんでしたが、バレエと数学の両方に強いパッションを感じていた彼女だからこそ、そのことに気がついたのでしょう。彼女は、子どもたちが大好きなバレエを通じて数学の楽しさも伝えられないかと考え、新しいクラス作りに挑戦してみたのです。

すると、そのクラスはたちまち子どもたちに大人気になりました。そして、多くの子が持っていた数学への苦手意識がなくなり、皆が進んで勉強するようになったのです。

こうした経験を生かし、スカイはコロンビア大学に出願した際には、「バレエと数学の融合」というエッセイを通して自分のパッションを表現し、無事合格しました。

そんなスカイに、「政治家になりたい」というもう一つのパッションの芽が生まれたのは、小学3年生のときでした。アフリカの孤児院では、勉強するための鉛筆もノートも買えないという記事を読んだ彼女は大きな衝撃を受けました。

そこで、友人と一緒に家の前を通る人にレモネードを買ってもらい、そのお金をアフリカの孤児院に寄付する財団「Kidz2gether.org」（キッズ・トゥギャザー）を作ったのです。彼女はその活動を長く続けましたが、徐々に「政治家になったら、法律を作ってもっとたくさんの孤児を助けられる」と考えるようになりました。

彼女の政治家への夢がさらに膨らんだのは、高校3年生のときです。

アメリカの大学の学費は高いため、わが家の家計を助けようと考えた彼女は、大学奨学金コンクールである「全米最優秀女子高生」賞に応募します。

全米最優秀女子高生賞では、「知力」以外に、時事問題などを話し合う「コミュニケーション能力」や、自分の強みとパッションを発揮することを求められる「特技」、くじを引いて10秒後にそこに書かれた問題に答えるという「自己表現力」などの審査が行われ、「正解のない問題に、どう立ち向かうか」が問われます。まさに非認知能力の結集です。

2017年に娘はこの全米最優秀女子高生賞に挑戦し、優勝したのです。

優勝者はその後1年間アメリカ中の小中学校を回り、女子の高等教育の大切さを話すという大仕事を任命されますが、その仕事での体験も、スカイに大きな影響を与えました。

その仕事をする上でスカイが一番驚いたのは、アメリカという一つの国の中でさえ、人種や政治、宗教、経済、仕事、女性活躍、教育など、あらゆる背景や考え方が違っていて、それがときに対立や偏見、格差を生んでいるということでした。

しかし、グローバル社会で生きる人々の生い立ちや環境、考え方などが違うのは当然です。そこで必要になるのは闘争ではなく、協働する力です。だからこそ、違いを乗り越えて力を合わせていける社会を作ることが大切なのだ、とスカイは考えたのです。

そこで、彼女は大学在学中に違いを乗り越えて協働するためのネットワークを作り、全米の大学から世界中の大学に広げていく活動を始めました。

その後政治家になるために法律大学院で勉強し、女性の活躍、そしてグローバル社会の発展に貢献したいと考えているようです。

バレエもスカイの大きなパッションでしたが、彼女なりに熟考した末、それを職業にはせず、政治家になる道を選んだのです。この経緯については後ほど詳しく触れますが、職業にしなくても、人生を通じてパッションを追求することができます。

夫と私は、スカイのこうした選択や活動をもちろん大いに応援しましたが、その際には、親の価値観や考えを押し付けることは一切しませんでした。スカイが見つけたパッションの芽は、本人が大事に育てるべきだと思っていたからです。

親がはまりやすい罠

このように、今、アメリカの大学入試では「パッションのある子ども」が重要視される傾向にあります。そのため、子どもがまだ小さいうちから、子どもに「パッションを持たせる」ことを、まるで使命のように考える親も増えてきました。

でも、ここで気をつけなければいけないことがあります。

パッションは、子ども自らが発見するからこそ、パッションになるのです。

親が「あなたにはこれがいい」と押し付けたのでは、その子の人生を豊かなものにするどころか、「やらないといけないことをこなす」だけの辛い毎日を子どもに歩ませることになります。親は自分の価値観を押し付けず、子どもの意思を尊重することが大事です。

また、いろいろ試してみても、子どもが興味を持たないということもあります。そこで親ががっかりした態度を見せれば、子どもの自己肯定感を傷つけてしまうでしょう。

中には、長い間パッションが見つからないという子どももいるかもしれません。それでも慌てずに、探し続けることです。親はそれを辛抱強く見守り、応援してあげましょう。

私たちも、好きなことを見つけるためにさまざまなことを試してきたはずです。好きなことが見つからずに退屈したことや、何をやっても上達しなくて焦ったこともあるでしょう。

子どもも同じです。自分の好きなことを見つけたいと思っています。でも、なかなか見つけられない。そうしたプロセスを、子ども自身が経験することが大切なのです。

なぜなら、パッションを見つけるまでのプロセスを経験していれば、１００年生きることを前提にして生き方を考えなければならない時代に、いつでも、そして何度でも、パッションの芽を見つけていくことができるからです。

大切なのは、子どもに自らパッションを見つけるプロセスを経験させるということ。

こちらの方がいいパッション、正解のパッションなどというものはないのです。

好奇心の重要性

では、子どもがパッションを見つけるとき、親がすべきことはどんなことでしょうか。

私は以下の4つのステップが大事だと思っています。順を追って説明しましょう。

1　子どもの好奇心を育む
2　子どもの経験値を上げる
3　子どもをよく観察する
4　その子がやりたいことを応援する

子どものパッションを見つけるとき、もっとも重要なものが好奇心です。

前述したように、子どもが興味を示さないものを無理やり押し付けても、子どものパッションは育ちません。親は、子どもが好奇心を育む環境を作ることが大切です。

そのためには、子どもが興味を持ったものは、どんどん応援して支えてあげましょう。「こっちの方がいいんじゃない？」などと、大人の考えや思惑で誘導したり、その邪魔をしたりしないことです。案の定、私が「できたらきっと役立つし、かっこいいよ」と娘に押しつけたピアノやボイスレッスンに娘はまったく興味を持てず、結局辞めてしまいました。

親の仕事というのは、子どもに「あなたは何をすべきか」を教えることではなく、「あなたは何がしたいの？」と根気よく聞くことなのです。親が子どもの人生を勝手に決めてしまえば、子どもは、自分の内から湧き出る声や直感を信じることができなくなります。自分の内なる声を信じられないということは、人生の目的を自分で選ぶ練習をしないまま成長するということ。結果的に、その後の人生で立ち往生してしまう人もいるのです。

たとえば、アートを通じて知り合ったミシュリンとダレン（共に仮名）は40代半ばのご夫婦で、私とは15年来の付き合いですが、このお二人から子ども時代の話を聞くと、親の子育ての考え方が、子どもの人生の後半まで左右することを実感せざるを得ません。

このお二人は、それぞれの親の考え方がまったく正反対という環境で育ちました。

ご主人のダレンは、子どもの頃から好奇心いっぱいの男の子でした。知らないことは何でも知りたいと思い、「どうして？」と親を質問攻めにし、興味を持つものには手当たり次第にトライしてきました。そんなダレンを親は好きにさせてくれたそうです。やりたいことは何でもやらせてくれ、ダレンが集中しているときは邪魔をせず、どんな質問にも真剣に向き合いました。まさに子どものパッションを応援する家庭でした。

ダレンのお母さんは教師でしたが、女性であることを理由に大好きな数学を専攻することを大学から反対され、当時「女子が学ぶこと」とされていた幼児教育を専攻した経緯がありました。そのため、我が子には好きなことをさせたいと思っていたようです。

だからこそ、ダレンの好奇心を親の都合で誘導するのではなく、じっと見守る姿勢を貫きました。その好奇心が壁に突き当たり、失敗することがあっても、それを良い機会として「自分には何が向いているのか」を自分で発見してほしいと思っていたようです。

こうした方法を「Learn hard way」（「身をもって知る」といった意味）と言います。人から教えてもらえれば簡単にわかることでも、経験の少ない子どもが自分で発見するとなれば、時間もかかり、失敗も免れません。

でも、その過程を経ることでこそ、自分が本当に何をしたいのかを発見できるのです。

こんな育ち方をした彼は、自信を持ってパッションを探していけるようになりました。

大学では音楽を専攻しましたが、高校時代に弁護士事務所でアルバイトをして興味を持っていた弁護士を職業にすることを選びました。音楽は職業にはしませんでしたが、今でもダレンにとって大切なパッションだといいます。遊びにいくと、よくリビングにあるハープシコードを弾いています。音楽関係の財団で理事もしています。

また、彼にとって「カクテル作り」もパッションの一つです。そのきっかけは、20年前に妻のお父さんからもらったカクテルの本。その本に載っていたカクテルの98％について聞いたこともなかったため、「こんなに知らないことがあるのか！」と強い興味を持ち、一つひとつ作っていくうち、その歴史にも関心を持つようになったそうです。

また、さまざまなスピリッツにフルーツや野菜などを組み合わせて作る「ミクソロジー」というカクテルメイキングの手法に出会い、ダレンのパッションはさらに広がっていきました。彼は好奇心の赴くままにさまざまなカクテルを作るだけでなく、知人や地域の人々にご馳走しては、多くの人を喜ばせています。

このように常に楽しそうに生きるダレンに、パッションを探す秘密を聞いてみました。

その答えは、「いつでも好奇心を忘れない」ということ。

それから、「一生、学び続けるという姿勢」だそうです。

やはり大事なカギは好奇心です。幼い頃からの子どもの好奇心を育む環境が大事なのです。好奇心があれば、自分が知らないことを知りたいと思い、知る楽しみも広がっていきます。きっと、ダレンは一生、パッション探しに困ることはないでしょう。


一方、その妻のミシュリンは50歳目前の今、自分がどのように人生を生きていけばいいのかわからないという模索の状態にあります。

ミシュリンはダレンの家庭とは反対に、親が子どもの人生のレールを敷く環境で育ちました。親からは一度も「あなたは何がしたいの？」と聞かれたことはないそうです。

そして、大学の進路や専攻も、「大学ではこれを専攻すると将来の役に立つ」といった親の意思に従って、経済学と国際関係学に決めました。ミシュリンが何かに興味を惹かれて親に聞くと、その答えはたいてい、「それは役に立たない」と却下されました。子どもの頃に芽生えたパッションの芽は、育つ前に枯れたのです。

就職先も、もっとも妥当と言われた企業に就職を決め、その流れで彼女はエネルギー関連のアナリストになりました。それは高給で社会的地位も高いエリートコースでした。

でも、ミシュリンはエリートコースに乗った数年後、収入や地位は高くても、自分がまったく幸せを感じていないことに気がついたのです。そのため彼女は仕事を辞め、アナリストの仕事の中で唯一好きだった、イベントを企画する仕事で起業します。

でも、40代後半になって、彼女はそれも引退しました。

なぜなら、自分は本当にやりたいことで仕事をしていないと気づき、人生の後半こそ、どうしても自分のやりたいことで生きていきたいと強く思うようになったからです。

そこで彼女は、大きな壁にぶち当たります。

ずっと親が敷いたレールの上を歩いてきた彼女は、「何かが違う」と思って仕事を辞めて起業しましたが、それもそのときの仕事の延長線上の選択にすぎなかったのです。いよいよ人生の後半が見えてきて、本当にやりたいことは何かと自問するようになったとき、それまで自分と向き合ってこなかった彼女は、パッションを見つける術を知りませんでした。

「親の決めた道を歩いているだけでは、自分の声を信じることができなくなる」

ミシュリンの言った言葉で、私が一番印象に残っているものです。

もちろん、ミシュリンの親御さんは大事な娘のためを思ってやってきたのでしょう。失敗してほしくなかったからこそ、安全な道や安全なキャリアに誘導したのだと思います。

でも、自らの好奇心が赴くままに試し、自分にとって何がいいかを見つけるまで、挑戦と失敗を繰り返すプロセスを経ることがなかったミシュリンは、模索を始めてから1年半以上経った今も、立ち往生したままです。

好奇心の赴くままに自分の好きなことに挑戦して毎日を楽しんでいるダレンと、自分の声を信じることができないと悩むミシュリン。

ダレンも私も、彼女の話をよく聞き、心から応援しています。でも、答えを見つけるのは彼女自身です。ミシュリンの迷いと自問は、まだしばらく続くかもしれません。

でもこの葛藤こそが、50歳からの彼女の人生をきっと明るい方向へ変えていくはずです。

好奇心を育む遊びと現代アート

パッションを見つける鍵となる好奇心ですが、特に幼児期は、好奇心がぐんぐん伸びていく時期です。子どもはもともと好奇心の塊で、発見の天才です。何にでも興味を持ち、どんなことでも試したがります。

そんな時期こそ、周りにいる大人は子どもの話に特に注意深く耳を傾け、「なぜ?」「どうして?」としつこく繰り出される質問にも、面倒がらずに応じることが大切です。

その際、大人は正しい回答をしようとするよりも、子どもの想像力や好奇心を引き出す絶好の機会と捉え、逆に「どうしてだと思う?」と質問し返してみましょう。子どもは、子どもなりにいろいろ考えて、もしかしたら奇想天外な回答をするかもしれませんが、その子の好奇心と考える力を伸ばすチャンスです。

また、子どもにとって遊びはとても大切なものです。内科医で精神科医のスチュアート・ブラウン博士は長年、子どもを対象に遊びと成長の調査を行っていますが、博士の研究によれば、遊びは脳の柔軟性と順応性を高め、創造性を引き出すそうです。また、人は遊びによって共感力や倫理観などの社会性を身につけていくことも指摘しています。

周りの大人は、遊びや楽しい体験を通して、子どもの好奇心を引き出しましょう。

それには断然、アートがお勧めです。

というのも、長年、現代アートのスペシャリストとして仕事をしているうちに気づいたことがあるのです。それは、アートが子どもの好奇心を育むのに最適だということ。

特に素晴らしいのが現代アートです。仕事柄、まだ赤ちゃんの頃から、私は娘をありとあらゆる現代アートの展覧会に連れていきましたが、今では教育の現場で、またイノベーションが求められる仕事の場で、現代アートが積極的に使われています。

いったいなぜでしょうか？　それは、現代アートには「正しい答え」がないからです。「これは何？」「え、これもアートなの？」といった素朴な疑問から、子どもたちの好奇心はむくむくと頭をもたげてきます。正解も間違いもなく、必要なのは自分の感覚と意見だけ。答えのない問題に「自分なりの回答」を見つけることによって、子どもの好奇心は、どんどんふくらんでいくのです。自分の意見を表現する良い機会にもなります。

さらに、アーティストの仕事は常に「新しいもの」「見たことのないもの」を創り出していくことです。彼らの「どうしたら人と違うものを作れるか？」「これしか方法はないか？」といった思考のプロセスに触れることで、子どもの好奇心や創造力は大いに刺激されるでしょう。アーティストの想像力に触れることで、子どもの想像力も高まるのです。

また、見たことのないものを見た子どもたちは、知る楽しみと新鮮な驚きを感じます。

「楽しい！」「すごい！」という感情は、心をポジティブにします。心がポジティブになれば、創造力や生産性も最大限に発揮されます。

このように、現代アートは、好奇心をはじめ非認知能力を伸ばすのに役立つことばかりです。

また、美術館には子どもがアートを体験できるイベントがたくさん用意されています。親子で参加できるプログラムを持つところもたくさんありますし、日本でも体験型の美術館が増えてきました。おしゃべりしながら本物の作品を見て、皆でそのことについて話をしたり、触ってみたり、作品によっては中に入ることができるものもあります。特に、子どもが小さい頃は、ぜひ親子で一緒に体験してみてください。

子どもの経験値を上げる

好奇心と同様に大切なのが、子どもにたくさんの経験をさせることです。

子どものパッションは、親が決めることではありません。子どもが自発的に見つけ、育てるもの。そのために、子どもに機会や選択肢を増やしてあげることが必要です。

我が家では、娘が幼い頃から親子でいろいろなイベントに参加してきました。いろいろなことを経験させることが重要なので、お金をかけずにすむイベントによく行きました。

ボランティアにも親子でよく参加しました。貧困家庭への寄付を募るため500円を払って学校の校庭を歩くチャリティウォークに参加したり、低所得者層の人を支援する団体で手伝ったり、お菓子やパンを寄付して学校運営費に充てる手伝いをしたりもしました。日本でも、親子でできるボランティア活動が増えています。

他にも、自治体や教育機関などで楽しく科学や数学などを教えてくれる教育イベント、親子や子どもだけで参加できるスポーツイベントなど、無料で体験できるものもたくさんあります。イベントに参加して、子どもが興味を持つものを探すのはお勧めです。

その際に大事なことは、まず周りの大人がいろいろなことに好奇心や興味を持つことです。大人の心がオープンになっていなければ、子どもの世界も広がっていきません。

以前、講演会のあとで、あるお母さんがこんな話をしてくれました。

そのお母さんはスポーツが苦手でしたが、お嬢さんと旦那さんがフットサルに夢中になり、一緒にやろうと誘うので、仕方なくフットサルを始めたそうです。最初は乗り気ではありませんでしたが、次第にその楽しさに目覚め、そのうち家族で大会にも参加するようになり、今は彼女自身が一番夢中になっているというのです。

このように「食わず嫌い」を解消するために、家族と一緒に始めるのはいいきっかけです。実は私もスキーが大の苦手ですが、夫と娘はスキーが大好き。冬になると二人はスキーに行きたがるけれど、家族と一緒にいるためには私も行かなければいけません。

そこで、私にもできそうなクロスカントリースキーを家族と一緒に始めてみることにしました。クロスカントリーは、それほどスピードが出ないので怖くありませんし、いい運動にもなります。コースの先に素敵なレストランが多いのも、予想外のご褒美でした。

もし、親がどうしても苦手なことがあって、子どもが興味を持つものを一緒にできないのであれば、他の大人の手を借りて一緒にやってもらうのもいいかもしれません。

習いごとはパッションを見つけるため

日本のお母さんたちから必ず質問されるのが、子どもの習いごとについてです。

私は、子どもの習いごとは、技術の習得のためや誰かより秀でるためにやるものではなく、子どものパッションを見つけるためにやるものだと思っています。

前述したように、我が家でもスカイがパッションを感じるものを見つけるため、全部で15ほどの習いごとを試しました（もちろん、同時にではありません）。ピアノ、水泳、スケート、テニス、器械体操、陶芸、スキー、サッカー……。最終的にバレエに落ち着くまで、とにかくいろいろ試しました。

その際、我が家ではルールを決めました。以下にそれをまとめますが、それぞれご家庭で考え方は違うでしょう。家族でよく話し合って、ルールを決めることをお勧めします。

我が家の習いごとルール①何をやるかは、子ども主体で決めさせる

何を習うかは、子ども主体で決めさせました。

ただし、子どもには情報量が少ないため、それを助けるのが親の仕事です。

まず、親が連れていけそうな場所や回数のもので、なおかつ金銭的に可能な習いごとを書き出しました。そして一つひとつ大まかな内容を説明し、子どもに選択肢を与えます。

子どものイメージが浮かばないときは、一緒に見学や体験会に行きました。

実際に体験してみて、子どもにどう感じたかを聞いてみます。「次も行きたい？」「なんでやりたいと思うの？」と聞くのは親の仕事ですが、考えて答えを出すのは子どもです。

子どもが嫌がる様子を見せたら、「どんなところが嫌だった？」と聞いてみます。親にとっては有益に思えても、子どもが嫌がるようなら無理にさせないようにしましょう。

我が家の習いごとルール②お稽古先を決めるときは指導者で決める

子どもの習いごとで重要なのは、習いごとの質や内容より、実は指導者です。というのも、パッションの芽を見つける段階で威圧的だったり、パッションがない指導者だったりすると、子どもの好奇心も自己肯定感も低くなってしまいます。「怖い」とか「意地悪された」といった感情は、好き嫌い以前に、子どもの心を閉ざす大きな要因です。大切なのは、技術の習得ではなく、「楽しい」という感情なのですから。

指導者や担当の先生と相性が悪い場合は、教室や先生に相談して、替えられるなら替えてもらってもいいでしょう。

我が家の習いごとルール③やめるタイミングを決めておく

我が家では、子どもの習いごとはパッションを見つけて育てるためのものと捉え、子どもの気持ちを優先するようにしていました。そのため、子どもがパッションを感じないようであれば、無理やり続ける必要はないという考えでした。

でも、そのときに大事にしていたのは、家族で「やめるルール」を作っていたことです。自分がやりたいと決めたものですから、一度始めたら3か月間などの一定期間は必ずやることにしていました。

こうしたルールがなければ、少しでも気に入らなければすぐやめるという癖がついてしまいます。またルールを決めて実行することが、やり抜く力や達成感につながります。

我が家の習いごとルール④子どもにも親にも負担をかけない範囲で選ぶ

日本でお話を聞いていると、週に何度も習いごとに通わせている方も多いようです。もちろんその家庭の自由でいいと思いますが、あれもこれもと習いごとをさせることは、子どもの負担を増やします。家族とゆっくり過ごしたり、友だちと遊んだりする時間を奪いますし、習いごとをするには体力も必要です。習いごとが多すぎて疲れていないかなど、子どもの様子をよく見て、子どもとよく話して決めることをお勧めします。

また習いごとが多くなると、子どもだけでなく、親にも負担がかかります。最近は日本でも父親の育児参加の機会が増えましたが、やはり育児を中心に担当するのはお母さんというご家庭も多いことでしょう。特に、仕事をしているお母さんは大忙しです。

ベビーシッター・家事代行サービス「キッズライン」が２０１７年に実施した子どもの習いごとに関する調査では「平日の日中など働いている時間に習いごとをやらせていますか?」という質問に対し、共働き家庭の34・５％が「やらせたいけど、できていない」と答えています。その理由として一番に挙げられたのが「送迎できない」（88・４％）。習いごとの内容や料金の問題などではなく、送迎できる人がいないという問題です。

アメリカでも、13歳未満の子どもだけで街を歩いていると保護されてしまいますから、習いごとの送迎は働く親にとって大きな課題です。親が送迎できない場合、自動車の運転ができるシッターに頼んだり（その場合は入念に身上調査が行われますが）、オープンソーシングと言って、仲の良い親同士が隔週で交代しながら担当したりします。

最近では、日本でも習いごとに送迎サービスが付いているものや、シッターサービスなどが充実しているものもあるようですから、それらを試してみるのもいいでしょう。

でも、あまり欲張りすぎず、子どもが自宅から歩いていける範囲で選ぶとか、時間の余裕がある週末に限定するなど、できる範囲で行うことが大事ではないでしょうか。

そして、もしも子どもを習いごとに行かせられなくても、親は罪悪感を持たないことです。誰だって、できることには限界があるのですから。

代わりに、掃除や料理などのお手伝いを通して、家庭の中で子どもの世界を広げていくこともできます。特にお菓子作りはおすすめ。というのも、その内容は「化学」だからです。分量や順番などをまちがえれば大抵失敗します。「なぜうまくいかなかったのか」を親子で解明していくのもすばらしい経験になります。先ほど触れたようなアートやボランティア活動を一緒に体験することもできます。他にも、科学館に一緒に行く、望遠鏡で夜空の星を観察する、早朝にカブトムシを捕まえに行く……などなど、さまざまな体験を増やしてあげることで、子どもの興味や関心を広げてあげましょう。

週末に子どもと公園で思いっきり身体を動かして遊ぶのだって、子どものパッションを伸ばすためには大事なことです。さらに、今はインターネットなどで疑似体験ができるソフトや、無料のプログラミングソフトなどもあります。

習いごとにはこだわらず、子どもにいろいろな体験をさせることを心がけましょう。

子どもにとって、親以外の大人、それも身元のはっきりした信頼できる大人と触れ合うことは、非認知能力を高める良い機会になります。恥ずかしがりやの子どもも、親や先生以外の大人に自分を表現するチャンスです。

子どものうちは与えられたものの中から選ぶことしかできませんから、子どもの世界を広げられるのは、必然的に大人になります。ですから、我が家では子どもが小さな頃から積極的に大人の世界に連れていき、いろいろな仕事や人に目を向けさせていました。

特に、私のアートの仕事はクライアントが多種多様で、ビジネスパーソンや金融系の方もいれば、医師や建築家、弁護士、主婦やジャーナリストなど、さまざまな職業の方がいました。もちろんアーティストも、これ以上ないというくらい多彩な人たちです。

そうした人と娘が顔を合わせることもあれば、家で彼らの話をすることもしょっちゅうありました。世の中にはこんな仕事をしている人がいるという話を聞かせて、子どもの興味の対象を広げることは、子どもがパッションを見つけるための大きな土台を作ります。

家庭と学校だけに子どもを閉じ込めておかないで、仕事、友人関係、親戚、ご近所、趣味の集まりなど、親の関わる世界に積極的に子どもを連れていって見せることも、子どもがパッションを見つける格好の機会です。

子どもをよく観察する

親の仕事は、子どもの「好き」をパッションのレベルに導く手伝いをすること。ですから、子どもが発する興味のシグナルを見逃さないように観察することが大切です。

20世紀を代表する心理学者の一人である、クレアモント大学院のミハエル・チクセントミハイ教授の唱えた「フロー理論」によれば、時間の流れを忘れるくらい集中して対象に入り込んでいる状態を「フロー体験」と言い、この状態にある間、人はひたすらそのことに没頭することで高揚感や幸福感に包まれるといいます。

フロー体験をしているとき、人は自分自身の能力を最大限に発揮します。子どもを見ていると、誰かが話しかけても気づかないほど、やっていることに熱中していることがありその子のパッションの入り口です。それが、その子のパッションを感じているシグナルはたくさんあります。その他にも、子どもがパッションを感じているシグナルはたくさんあります。

たとえば、次のようなことに注意して、子どもを観察してみましょう。

・子どもが言われなくてもやるのは、どんなこと？
・どんなときに集中する？
・自然に笑顔になるのは、どんなとき？
・親から見て、上手にできることはどんなこと？
・「こんなに簡単なのに、皆はどうしてできないの？」と子どもが感じることは？
・子どもが自ら「やりたい」と言うのはどんなこと？
・頻繁に質問してくるのはどんなこと？
・つまらなそうにするのは、どんなとき？
・この子が嫌いなこと、苦手なこと、避けようとするのはどんなこと？
・他の人が、我が子を表現するときに使う形容詞はどんなもの？

人間は忘れる生き物ですから、ぜひ「子どものパッション観察ノート」を作り、こうしたことに気がつくたびに、一つひとつ書き留めておくことをお勧めします。

やりたいことを応援する

そして、もっとも大事になるのが親の応援です。

子どもがその子の持つ能力を最大限に発揮するためには、子どもを型にはめるのではなく、その子自身のパッションを応援すること。子どもは自分の好きなことに没頭するからこそ、前向きになるのです。親はそんな子どもを常に温かく見守り、子どもがくじけそうなときには、そのパッションへの熱い気持ちを思い出させてあげましょう。

子どものパッションを応援するときには、以下のことに気をつけるといいでしょう。

他の子と比較するのをやめる

人間は、どうして他人と比較したがるのでしょうか。

比べることで我が身を戒めるということもありますが、人との比較から生じる感情は、たいていは劣等感や、「どうせ自分には無理」というネガティブ・バイアスです。

そして、親が我が子を他の子と比較すれば、子どもは自分自身を過小評価するようになり、持たなくてもいい劣等感を持つようになってしまいます。

また、子どもを人と比べ続けていると、子どもは親を喜ばせるためだけにがんばるという姿勢になり、心からその行為自体を楽しめなくなってしまうこともあります。

そのため、私がいつも気をつけていたのは、決して娘と他の子を比べないということでした。娘にはできなくて他の子にはできることもありましたが、「○○ちゃんは、もうこんなことができるのね」といったことは口にせず、習いごとでの上達度についても、気にしたのは娘自身だけで、他の子とは比べませんでした。

子どもは大人が思っているより、ずっと敏感です。周りが比べなくても、そのクラスで誰がうまいのか、誰が勉強できるのか、誰が先生のお気に入りかなど、子どもなりにきちんとわかっています。それを他の人に言われれば余計に劣等感に苛まれ、自己肯定感が低くなり、自分のパッションを育てられなくなってしまいます。

また、我が家では直接比べなくても、他の子を褒めることもしませんでした。というのも、スカイがバレエの舞台で役をもらったとき、「△△ちゃんは何の役になったの？」と聞いたら、娘に「なぜママはそんなことを聞くの？」と返されたことがあったからです。

それで気がついたのですが、確かに私はその子をスカイのライバルのように思っていて、何となく気にしていたのです。自分では意識せずに発していた言葉でしたが、それもスカイにとっては「比較」でしょう。彼女は私のそんな感情に気づいていたのです。

それ以来、娘の前で彼女が話し始めない限り、他の子の話はしないようにしました。まったく気にならないと言えば嘘になりますが、親同士で話していれば、他の子のことも自然とわかってきますから、子どもにわざわざ聞かなくてもいいのです。

「何のために」の質問でパッションを支える

もちろん、どんな世界にも勝ち負けはありますし、目に見える形で比べられることはたくさんあります。

娘の通っていたバレエ教室でも、特に先生に目をかけられたお気に入りの子たちがいました。その子たちばかりが注目されるのが嫌だと言って、教室をやめてしまった子もいます。そのことはスカイも気にしていましたが、先生も人間ですから、ある程度、主観的になってしまうこともあるでしょう。

ですから、私は他の子との比較ではなく、常に「娘自身が上達した部分」に目を向けさせるようにしました。

また、ことあるごとに、なぜバレエをやりたいのかを聞きました。娘はそれに「楽しいから」「きれいなものを見たら、皆が幸せな気分になるから」などと答えていましたが、私が何度もその質問をしたのは、教室で一番になるためにバレエをやっているわけではない、ということに気づいてもらいたかったからです。

さらに、「何のためにバレエをしたいの？」と頻繁に聞くことで、バレエを自己実現の夢で終わらせず、より大きなパッションに育ててほしいと考えていたのです。

娘は家庭でも学校でも、「あなたは、何のためにそれをやりたいの？」と繰り返し聞かれて育つ環境にいたため、次第に「自分は何のために、それをやるのか？」と考える癖がつくようになりました。そして、「いつか自分はこういうことをしたいから、今はこれをしたい」という大きなビジョンを持つようになったのです。

彼女は、多くの人に美しい踊りを見てもらうことで、たくさんの人に幸せな気持ちになってほしいのだとよく話していました。彼女のそうした思いは、東日本大震災後、被災地の子どもたちにバレエを教えるというボランティアにもつながっていきました。

「○○になりたい」とか「一番になりたい」という自己実現の夢だけでは、辛い思いをしたときに乗り越えていくのは難しいかもしれません。例えば、私が音楽で「一番になれない」と思ったとき、あっという間に挫折したように。でも、「誰かを喜ばせたい」「社会を変えたい」といった大きな目的意識は、苦難を乗り越える力を与えてくれるのです。もし私に「自分が作った歌詞で誰かを元気づけたい」というような強い思いがあったら「一番かどうか」は関係なく、今でも何らかの形で音楽を続けていたと思うのです。

もしも子どもが途中で夢を諦めたくなったり、くじけそうになったりしたら、周りの大人は「何のために、それをやっているの？」「どうして、これをやりたいと思ったの？」と聞いて、子どものパッションを思い出させてあげるといいでしょう。

子どもが選んだパッションの芽を全力で応援する

そしてもっとも大切なのは、たとえ親の思い通りにはならなくても、子どもが選んだことを全力で応援してあげるということです。子どもの意思を尊重することです。

親は時々、「あなたのためを思って」という常套句で始まるアドバイスをすることがありますが、前述したミシュリンのケースのように、親の意向や押し付けが、せっかく生まれたパッションの芽を摘み取ってしまう可能性もあるのです。

我が家で開催するアートサロンに来ていたアリシアは、その反対の体験によって、パッションを大きく育てることができました。

アリシアは高校生のとき、会計士になるために大学に行くか、中学から続けてきたクラリネットで音楽家になるために音楽学校に行くか迷っていたそうです。そのときのお母さんのアドバイスは、このようなものでした。

「お金のためなら、会計士ね。でも、あなたが自分の人生を楽しみたいと思うなら、私だったら迷わず音楽学校を選ぶわ」

そこで彼女は音楽を選び、今ではプロのクラリネット奏者として全米を回っています。音楽と歩む人生を大いに楽しんでいるアリシアですが、一時期は音楽そのものが嫌いになりそうになったことがあるそうです。それは小学生のときのピアノが原因でした。

彼女はピアノのクラスが合わず、悩んでいました。すると、それを見ていたお母さんが「やめてもいいわよ」と言ってくれたのだそうです。もしもお母さんがそう言ってくれなかったら、自分はおそらく音楽自体を嫌いになり、音楽家にはなっていなかったとアリシアは言います。ピアノは親が勧めた楽器でしたが、クラリネットは中学の部活動で、自分で選んだ楽器だったそうです。

彼女の話は、子どもが自らの意思でパッションを選ぶことがいかに大切か教えてくれます。また、子どもの様子をよく観察して、その意思を尊重する親の寛大さも。

課外活動を行う子は収入が高くなる？

幼児や小学生にパッションは必要ですが、ティーンネージャーにも、パッションは欠かせません。広い世の中のことを知り始め、自意識も育ってきて、他人と自分の比較に敏感になる思春期は、人生最初の試練の時期と言ってもいいでしょう。そんな時期を無事に過ごすためにも、パッションが役立つのです。

これは、フェイスブックで知った友人のお嬢さんの話です。

彼女が、小さな頃から続けてきた大好きなバレエを辞めなければいけなくなったのは、「脊椎側湾症」と診断されたティーンネージャーのときでした。

脊椎側湾症は背骨の脊椎という骨が曲がってしまう病気です。大好きなバレエを辞めただけでも辛いのに、診断後はギプスを付けなければいけません。その姿をからかわれたこともある彼女は、自分でもそんな姿を醜く感じ、毎日が嫌でたまらなかったそうです。

そんなとき、彼女は、多くの同級生がこの病気についてほとんど何も知らないということに気づきました。それが、いじめやからかいの原因にもなっていたのです。

それなら、この病気をもっと知ってもらおう。彼女はそう考え、資金集めのキャンペーンを始めました。脊椎側湾症の周知のために、その資金でギプスをしている子どもたちの写真を撮り、一冊の本にまとめることにしたのです。

ギプスは数年で取れ、その後は普通の生活ができるようになります。何よりギプスを付けていることは醜いことではないと言いたかったのです。自分と同じように、ギプスをしている思春期の女の子たちに「自分は美しい」と思ってほしかったのだと。

その活動を通して彼女が実感したのは、「人はそれぞれに美しい」ということでした。彼女は、「自分は醜い」という偏見や負い目に屈することなく、自分自身をじっくり見つめ続けた結果、ハンデが思わぬパッションにつながっていったのです。


このように、子どもが学校の授業以外で行う課外活動や部活動も、パッションを発見し、育てる良い機会になります。そうした活動を通して、得意なものと苦手なものがわかり、自分は何に向いているのかに気がつくこともあるからです。

前述のように、アメリカの入試では課外活動も重要視されます。特に学校やコミュニティのために目的意識を持ち、リーダーシップを発揮して成し遂げたことが評価されます。

アンジェラ・ダックワースのベストセラー『やり抜く力 GRIT』(ダイヤモンド社)によれば、課外活動を積極的に行っている子どもの方が、あまり行っていない子どもより、学校の成績が良く、自尊心も高く、問題を起こすことも少ない傾向があるなど、さまざまな点で優れているといいます。

コロンビア大学のマーゴ・ガードナーらによる研究でも、2年以上、頻繁な活動をした生徒は将来の就業率が高く、収入も高いそうです。

また、パッションがあれば余計なことを考えないというのも、実は思春期にパッションが必要な理由の一つです。この時期に、子どもが心から没頭できるものや、大きな目標があるということは、その後の人生を大きく左右するのです。

さて、本章では子どもにパッションがどれだけ重要かを述べてきましたが、親の大事な仕事は、子どもが自分のパッションを見つけ、自らそれを育てる過程を広い心でサポートするということです。

いろいろなことを試したのに子どもが興味を持たなくても、がっかりしないでください。子どもがなかなかパッションを見つけられなくても、焦らないでください。パッションを見つけて育てていくには、時間がかかるのです。

親は、そんな子どもの姿を温かい目でじっくり見守ることが大切なのです。

第2章

母親にこそ「パッション」が必要

"Finding your passion isn't just about careers and money. It's about finding your authentic self. The one you've buried beneath other people's needs." Anonymous

パッションを見つけるとは、単にやりたい仕事についたり、たくさん稼いだりすることを夢見ることではない。パッションを見つけるとは、いつもお世話をしたり、面倒を見たりと、誰かのために行動することばかり考えている自分の奥深くに埋没してしまった「自分」を見つけること。 作者不明

「専業主婦」は存在しない？

第1章では、人生の幸せと成功のために子どもがパッションを持つことの大切さについて触れました。でも、子どもに「パッションを持ちなさい」と言っても、子どもはどうしたらいいかわからないかもしれません。自力で夢中になれるものを見つけてくる子もいますが、なかなかパッションを見つけられない子もいます。そのためにも、親自身が子どもの「ロールモデル」になる必要があります。子どもにとって、「あんな人になりたい」とか「あんなふうに生きたい」という思いがさまざまな行動のモチベーションになります。

もちろん有名人やスポーツ選手などに憧れを抱いて目指す子どももいますが、実際には自分の身近にいる大人の姿を見て、「あんな大人になりたい」と影響を受ける子どもが多いと思います。特に、子どもにとって母親の生き方は重要です。家庭のあり方はさまざまですから、断言はできませんが、やはり母親の姿をもっとも身近なものとして育つ子どもが多いのではないでしょうか。そんなとき、母親が人のことばかりを気にして自分の人生をいきいきと過ごしていなければ、子どもがパッションを持って生きるための良いお手本にはなれません。

この第2章では、子どもがパッションを見つけ育てることを温かく見守るだけではなく、その過程を子どもに見せることで子どもが体験を通して学べるように、親がロールモデルになることの大切さに触れたいと思います。

前述したように、私の住むワシントンDCには、子どもを育てながら、大きな目的意識を持って、自分のやりたい仕事やボランティアをしている女性がたくさんいます。彼女たちの姿に触発されたことが、私が美術館のボランティアを始めた要因の一つでしたが、アメリカに行ってからの最初の数年間は家事と娘の世話だけに追われる毎日でした。「はじめに」でも触れましたが、そのころ参加したイベントで、「専業主婦」と自己紹介した私の周りからは人がいなくなりました。

いいえ、専業主婦が悪いということではないのです。他にも専業主婦はたくさんいましたが、そんな方たちはこんなふうに自分のことを話していたのです。

「私は人種差別のない学校を作るのが夢なの。そのために、子育て中の今は学校でボランティア活動をしているわ」「音楽が大好きだから、毎週教会の聖歌隊で活動しているの」。

いきいきと話す彼女たちの周りには、他のお母さんたちも集まってきました。彼女たちは、自分は何をしている人間かということをきちんと伝えていたのです。その反対に、私のように「子どもを育てている」だけでは、その人がどんな人間かはわかりません。何に関心を持ち、どんなことを考えているのか。やりたいことは何か。楽しいと思うことは何か。そうしたことを聞いて初めて、人間としてのその人に対する興味が湧いてくるのですから、私の周りから人がいなくなったのも頷けますよね。

一般的に、女性というのは、何らかの「役割」を人から与えられて生きていることが多いように思います。子ども時代は良き娘であれ、結婚したら良き妻であれ、子どもを産んだら良き母であれ、というように。その過程で、自分はどんな時に楽しいと感じ、何をしたいのかという「本来の自分」を見失ってしまう。

特に母親という役割はその責任が非常に重くのしかかってきます。でも、娘であり、妻であり、母である前に、「自分」という人間がいるのです。「自分」は何をしたいのか、「自分」はどんなふうに生きたいのか、「自分」は何のために生きるのか。役割がどんなに重くても、決して見失ってはいけない「自分」がいます。ワシントンDCの母親たちはその部分を語っていました。私には語れる「自分」がなかったし、語れる「自分」がある彼女たちに対して「そんな暇があったら子どもと過ごせばいいのに」と非難する思いすらあったのです。それが今では「自分」を語れることが母親として子どもに対する最重要の仕事と思うようになったのだから、人生っておもしろいですね。

もう一つの母親としての生き方

ここで私は、もう一つの母親としての生き方を提案したいと思います。それは、子どもを導くということ。「お世話する母親」ではなく、「導く母親」になるということです。

家事は合理化したり、代替したりすることができます。ですが、子どもを導くことは親にしかできません。そのためには、「子どもの世話をする人」から「子どもを導く存在」になるとマインドセット（思考の基本的な枠組み）を変え、自分の生き様を見せることが大切。なぜなら、人は言葉で教えられるものより、経験から多くのことを学ぶからです。

子育てと自分のパッションを両立させて生きるロールモデルが身近にいれば、その姿を見て育つうち、男の子でも女の子であっても、子どもは「自分は自分の好きなことにまい進して生きていい」「好きなことをあきらめなくていい」と思うようになるのです。

カリフォルニア大学バークレー校の発達心理学者ダイアナ・バウムリンド博士は、さまざまな子どもとその親のタイプを調査し、どんな親が子どもを成功に導くかを調べました。それによると、子どもには規律を求めるものの、厳しく抑えつけるのではなく、子どもが主体的に自分をコントロールできるように優しく導く「民主型」の親から、幸福度・満足度・自己肯定感やリーダーシップなど非認知能力の高い子どもが育つ傾向が強いそうです。民主型の親には、家族で決めたルールがきちんと守られているかを適度に管理する「マネージャー的な役割」が求められます。でも、民主型の厳しくも優しい母親が、必ずしも生き方やパッションのロールモデルとなるとは限りません。規律と寛容のバランスが取れていても、親自身に「こう生きたい」という意思と行動がなければ、子どもはその生き方から学ぶことができないからです。

民主型でかつ「導く親」になるためには、親がパッションを持ち、自分を厳しく律しながらも自らを信じて前進する姿を子どもに見せることが大切なのです。子どもに厳しくそして優しくするだけでは子どもは生き方を学ぶことはできません。

娘には、自分の好きなことに挑戦して幸せな人生を生きてほしいと思っていましたが、自分のやりたいことを我慢して家事と育児を最優先していた当時の私には、民主型の親にはなれても、生き様を見せるロールモデルにはなれませんでした。

そこで「導く親」となるべく、パッションであるアートでボランティアを始めたのです。子どもに生きがいのある幸せな人生を歩んでほしいなら、まずは絶大な影響力を持つお母さん自身が「自分」を見つめ、パッションを感じながら自分の人生を幸せに生きることです。特に、母親は次世代に最大の影響を与えるポジションにいます。例えば娘には新しい時代の女性として、さまざまな生き方を見せることができます。息子には、そんな母親の姿を通して、女性を「平等な存在」として尊敬する心を植え付けることができます。いきいきとした母親の姿を見て育つ男の子は、女性に対する共感力を育み、女性を応援する存在になっていくのです。

ですが、母親がそんな生き方を目指すことを阻む要因が一つあります。それは「自分」として生きることに対する母親自身の罪悪感です。

母親としての罪悪感はどこから来るのか

令和の時代を迎えた今、「女性とはこうあるべき」と女性の生き方を一つの型にはめるような考え方は、昭和、平成とともに過去のものになりました。かつて女性には、子どもの頃の「学びの時代」、子どもを産んで「育てる時代」、そして「老後」という3ステージの生き方があるといった捉え方もあったようですが、人生100年時代、それはもう通用しません。また、社会的にも、法の制度面においても、子育て中の女性が子育て以外の場面で活躍できる時代になりつつあります。とはいっても、世間一般の風潮として、いまだに「育児や家事は母親がするもの」という概念は強く残っていますし、そもそも自分自身が「完璧な母親」のイメージにとらわれているお母さんも多いかもしれません。

その気持ちはよくわかります。専業主婦をしていた頃の私は、母親としてきちんとやれているかと常に不安でしたし、もっと完璧にやるべきだという焦燥感を持っていました。何より大きかったのは、親は自分のために時間を使うべきではないという気持ちでした。自分のために時間を使おうとすると、娘の人生を犠牲にしているようで罪悪感を感じました。

母親の罪悪感は、英語では「Mommy guilt」といいます。「母親はこうあるべきなのに、自分にはできていない」といったマイナスの感情は、日本人だけではなく、どこの世界にもあるようです。そんな罪悪感は、母親を「民主型の親」になることも、また「導く親」になることも妨げてしまいます。

ここで私が民主型の「導く母親」となるために実践した2つのことをご紹介します。

・自分をいじめる代わりに褒める

・「常識」からの解放

私たち母親は、置かれた環境の中で精一杯の努力をしています。それが完璧ではないからとか、世間の「基準」を満たしていないからといった理由で、自分を責め、子どもに対して罪悪感を感じてしまう。しかし、誰にでも完璧にできないことがあるのは当然です。できないことに目を向け自分をいじめるのは、もうやめるべきです。それより、うまくできたことに目を向け、精一杯自分を褒めるのです。私は特にできなかったことがたくさんあった日に、それでも頑張った自分に対して「今日も頑張ったね、私ってすばらしい！」と言っていました。

子どもの非認知能力を高めることが証明されている「民主型の親」の特徴は、厳しくするだけではなく、自分に対しても理解を示し優しく対応することです。

子どもにとって、私たちは誰もがこの世で最高の母親なのです。子どもは、そんなあなたを心の底から愛しています。子どもは、「ダメなママでごめんね」と言う悲しげなママより、「ママは今日も頑張ったよ！」と話すいつも笑顔のママといるほうが幸せなはずです。母親が自分自身を「ダメな母親」と責めている姿を見たら子どもも元気がなくなりますし、自己肯定感も低くなります。家族のためにも、自分のためにも、今日できたことを褒めることです。

そして次は「常識」からの解放です。母親は子どもの世話に時間を使うもの。働くために子どもの世話を人に頼むのは、子どもにとって良くないこと。そんな「常識」からくる罪悪感から、自分を解放してあげます。もうそんな罪悪感は持たなくていいのです。というのもある研究によって、そんな「常識」はひっくり返されることになったから。ハーバードビジネススクールのキャサリン・マクギン教授らは、２００２年から２０１２年にかけて、世界24か国の18歳から60歳の約5万人を対象に、働く母親の元で育つ子どもたちがどんな人生を歩むかという長期的な調査を行いました。その結果、「働く母親は子どもにとって不利益」という常識は、単なる迷信でしかなかったということが証明されたのです。

その研究によれば、働く母親の元に育つ娘のほうが、専業主婦の元で育つ娘よりも、23％も収入が多いことがわかりました。また、働く母親の元で育つほうが、出世でも優位になるというのです。一方、息子の場合は仕事や収入面で大きな差はありませんでしたが、妻を手伝って家事や育児をするかどうかという点で、大きな差がつきました。働く母親の元で育った男性は、専業主婦の元に育った男性に比べ、2倍多く家事や育児に従事しているそうです。この調査結果は、「職場でも家庭でも、男女の不平等を減らすのに役立つという点で、〝銀の弾丸〟（＝決定打）に近い」とマクギン教授は述べています。母親はもう働くことに罪悪感を感じなくてもいいのです。

ところで「働く」ということについて、2015年、国連が面白い定義を発表しました。国連が2015年に定義した「人間開発のための仕事」によると、仕事には、①有償の仕事、②無償の仕事、③ボランティアといった社会を良くする仕事、④クリエイティブなことや趣味など自分を育てる仕事、の4種類があるといいます。上記の調査は有償で働くことに限った調査ですが、国連の定義に従って「働く母親」の有益性を有償の仕事のみではなくもっと広く考えてもいいのではないかと思っています。②の無償の仕事は家事・育児・介護を含みますが、ここだけに女性の「仕事」が限定されることはないのです。女性はもっと広く自分の人生を探し求めていいのです。それは子どもにとって不利益になるどころか、子どもを導く素晴らしいロールモデルになるために大いに役立つことなのです。

もちろん、いろいろな考え方があることでしょう。もしも「自分のパッションは、家族にいつもおいしい食事を作って、家族に快適な生活を提供すること」というお母さんがいたら、もちろんそれでいいと思うのです。それが自分のパッションだというなら、そこを追求する人生も大いにあるでしょう。

でも子育てはいつか必ず終わりが来る仕事です。

子育ては必ず終わりが来る仕事

それこそが、もう一つお母さんたちに是非とも前述の「②無償の仕事」以外にもパッションを見つけてほしい理由なのです。家事と育児に専心することは素晴らしいこと。でもそこに自分の100%をかけてしまったら、子どもが巣立っていったあと、お母さんたちは何のために生きていくのでしょうか?

ある友人は、50歳になった時、自分の人生は何だったのかと思うようになったと話していました。子どもが生まれた時に「自分の人生」を止めてしまったから、子どもが巣立っていった時に、家の中ばかりではなく心の中までエンプティ（空っぽ）になってしまったという友人もたくさんいます。そして人生１００年時代の後半戦を何のために生きようかともがいているのです。

ライフコーチである私の元を訪れるクライアントの多くが口にするのは「少しずつでもいいから仕事や自分の好きなことを続けておけばよかった」ということです。長い間止めてしまった自分の時間を再起動させるには、ものすごいエネルギーがいります。そのエネルギーが見つからないという人や、「この歳になって一体何ができるのか」と自信を持てない人も大勢います。そうして巣立っていった子どもに執着したまま生き続けてしまう。

例えば、私の友人にはこんな女性がいます。３人の子どもを抱えるお母さんで、母親というものは常に家族のために身を粉にして捧げるべきだ、という考えを持っています。アメリカ人にも、まるで昭和のお母さんの理想像のような考えを持つ人はいるのですね。そんな彼女は、いつも完璧な家事を目指しています。３人の子どものために、１日３回スーパーに行って新鮮な食材を手に入れ、食事はもちろん、おやつも手作りし、部屋は常にきれいに保たれています。でも本当は家事は大嫌いで、仕事がしたいのです。彼女のパッションは文章を書くことなのだから。なのに「女性の幸せは家の中」という考えに縛られ、長い間仕事をしていません。世間で女性作家の書籍が話題になると、「あの人がベストセラーを書けたのは子どもがいないからよ。私だって子どもの世話がなければそのくらい書いている」などと言います。

「少しずつでも仕事をしてみたら？」と私が勧めると、「今は子どもが一番で自分のために時間を使っている場合じゃない。そんな暇があったら子どもたちの世話をする」――そう言いながら、彼女はずっと仕事をせずに、義務感いっぱいの家事と育児に忙しく追われる毎日です。そして「夫は全然手伝ってくれない。夫は自分の人生を追いかけられるけど、家事と育児を押し付けられた私は何もできない」と愚痴を言います。

家事や育児はやろうと思えばきりがありませんから、「やることリスト」を作れば、すぐにいっぱいになります。そうしたリストを一つずつこなしていけば、自分は家族のために精一杯やっている、毎日がんばっているという感覚になるでしょう。でも本当は、そこに自分を見失いつつある自分がいる。せっかくパッションが見つかっているのに、誰かに押し付けられた「常識」に縛られ、自ら自分の生き方を放棄している彼女が、私にはずっと気がかりでした。3人のお子さんが巣立っていった今、彼女は「エンプティーネスト（空の巣症候群）」に陥っていて、驚くことに、大学生になった子どもたちの宿題を代わりにやってあげています。さらに、子どもたちがやっているスポーツの試合の応援のために、今でも毎週末、片道4時間車を運転して大学に出かけています。

母の日には毎年「お母さん、私のために自分を犠牲にしてくれてありがとう」と言われると喜んでいますが、そんな時子どもたちは本当は何を感じるているのでしょうか。

パッションと共に生きる母親の元で育った子どもたちは、何の心配もせず自分の人生を探せるといいます。そうでない場合は、自分のためだけに生きてくれる母親に感謝しつつも、自分がいなくなった後の母の様子を心配をする。そして本当は大学の友人と過ごしたい週末を、訪ねてきた母親が泊まるホテルで過ごすことになります。そんな不自由さを抱える子どもは自由に自分の道を選ぶことはできないのではないでしょうか？

子どもが何の心配もなしに自分の人生に羽ばたけるように、そして目標と目的を持って生きていく術を教えるためにも、お母さんがパッションを持つことは重要です。忙しい家事と育児の間も自分の人生を見つめ少しずつでも前進する、「民主型」で「導く親」から、子どもは自分の人生の切り開き方を学んでいくのですから。

ここでパッションを探し求めるお母さんたちには朗報があります。それは「子どものロールモデルになる生き方をする」と決めた母親は、自分の可能性を最大限に発揮できる可能性を秘めているということ。

なぜなら、子どもの存在が「何のために」の最高のモチベーションになるからです。自分らしい人生を生きようとすれば、時には辛いことや理不尽なこと、諦めたくなるようなことも出てきます。でも、そんなときにも乗り越えられるのは、自分のためだけではなく、自分に続く「誰かのため」になるという思いがあるからです。その「誰か」が子どもだった場合、母親のモチベーションは最強になります。母は強し、です。「自分の後に続く子どものために私の生き方を見せる」という目的があるからこそ、心も強くなるし、子どもの笑顔があるからこそ、辛いことや失敗も乗り越えられるのです。また、パッションを持つ人は、人生に対する満足度と幸福度も上がります。幸福が周りに「伝染」していくことは複数の研究で知られていますが、母親の幸せは、周りの人を確実に幸せにするのです。

他人の目や世間の「こうあるべき」というイメージにとらわれていたら、親も子どもも自分の人生を生きることはできません。思い込みや固定概念から自由になって、あなたらしい人生を楽しめばいいのです。そんな母親の姿はきっと「導く親」として深く子どもの心に刻まれることでしょう。

大切なのは、自分の人生の主導権を自分で握るということ。その主導権の鍵がパッションです。誰かの世話に追われ、常に完璧ではないという罪悪感に追われていたら、疲れ果ててしまいます。自分を大切にしようと思わなければ、自分らしい幸せな人生など手に入れることはできないのです。

本当に良い母親とはなんだろう

とはいえ、子育てしながら自分を見つめ、パッションと生きるのは大変です。私も子育てに専念したほうがいいかもしれないと迷った時期もありましたが、子どもに自分が信じる道を歩む姿を見せることは、何にも代えがたいくらい大事なことだと思い直し、いろいろと働き方を変えながら仕事を続けてきました。その中で常に考えていたのは、子どもにとって、本当に「良い母親」とはどんな母親だろうか、ということです。もしも、家事や家族のお世話を完璧にこなすのが良い母親なのだとしたら、私はまったくダメな母親だったでしょう。

というのも、私は料理には15分しかかけなかったからです。冷凍の有機食品もよく使っていました。そもそも料理は苦手で、夫のほうが上手です。掃除は基本的に外注していました。子どもたちのプレイデートをセッティングするのも苦手でした。正直に言うとママ友とのお付き合いも少し苦手です。

でも、考えてみてください。洗濯や掃除、料理、その他の家事一切を完璧にする親が、子どもに生き方を見せられる親でしょうか。習いごとのスケジュール管理や送り迎え、子どもたちのプレイデートを完璧にこなすのが良い母親なのでしょうか。誤解を恐れずに言えば、さまざまな技術やサービスが発達した現代では、そうした子どものお世話は代わりがきく部分ともいえます。掃除は自分でしなくても、外注サービスやロボット掃除機がやってくれます。洗濯乾燥機や食洗機もあります。今は幸いなことに、オーガニックの冷凍食品や添加物フリーの食材を使った惣菜も販売されていますよね。このように他のことで代替できて合理化できる部分に心血を注ぐのではなく、自分の生き方を見せられる親がいたっていい。そんな親こそ、子どもにとって本当に良い親といえるのではないでしょうか。

従来の世間の「良い母親」の定義なら「ダメママ」のレッテルを貼られそうだけど、完璧な家事や育児よりも、パッションを持ち自分を信じて前進する生き方を見せるのが良い母親の定義なら、それを見事に見せてくれたのが、私の母でした。

もう一つの「子どもファースト」の姿

私の母は大学を出ていません。本当は学校の先生になりたかったそうですが、昔の女性は大学に行かせてもらうことは特に地方では非常に難しかったのです。でも、「子どもに教える」という夢を諦めきれなかった母が英語の勉強を始めたのは、30歳を過ぎた頃でした。大学に行けなかったため教員免許は持っていませんが、塾なら開けます。そこで、母はいつか英語の塾を開くという夢を抱き、勉強を始めたのです。

最初の頃、母は中学生が行く塾に行き、中学生と一緒になって勉強していました。大きなパッションを持っていた母は、それを恥ずかしいとも思っていなかったようです。そのせいか、私も弟もそんな母を格好悪いと思ったことは全くありませんでした。また、当時私たちの住んでいた町には、すでに代々続く学習塾がありました。当然、多くの人が「素人が塾を開くなんて無理」と反対しました。でも、母は「子どもたちに良い教育を与えるために、私も稼ぎたい。そのためには夢である塾を開きたい」と言って、保育士の仕事の後、毎晩、夜中の2時まで勉強していました。それを5年間続けて準備をし、ようやく塾の開業にこぎつけたのです。

私も弟も、その姿を見て育ちました。夜中にふと目を覚まして光の漏れる居間を覗くと、そこには必ずこたつで教科書やノートを広げて勉強している母の姿がありました。その姿を見て、子どもながらに感心しないわけにはいきませんでした。睡眠時間は毎日5時間もなかったでしょう。それでも母が弱音を吐くのは見たことがありません。そしてそんな母を支えるため、父は仕事先からなるべく早く帰ってきて、家事と育児を手伝ってくれましたが、父が母に文句を言う姿も、一度も見たことがありません。

塾を開業した後も、お金がないため、教材もすべて手作りです。私も弟もガリ版刷りの仕事を手伝っていました。1年目こそ、熱心に指導し過ぎたために生徒たちが音（ね）を上げ、7人いた生徒が1人しか残らないという大失敗もありましたが、そのうち「あの英語塾に行けば、必ず成績が上がる」と評判を呼ぶようになり、入塾希望者が順番待ちをするほどになりました。

周囲から「素人には無理」と言われた母が中学生と一緒に学び、挑戦し、失敗し、諦めずに再び立ち上がる姿を見て、私たちは育ちました。パッションを持ち、失敗と努力を重ねながら目標を達成した母の生き方は、私にとって最高のロールモデルになったのです。

また、そんな母を支え、子どもたちとの時間を最優先させた父は、私が伴侶を選ぶときの最高のロールモデルになりました。世間一般の尺度で考えれば、母も父に家事と子育ての大半を任せていましたから、まったく「ダメな母親」ということになるでしょう。

母は70歳で塾経営を引退するまで、毎晩17時から22時まで家にいませんでしたし、週末にも特訓授業があります。おやつは市販のものですし、PTAもやっていないから学校にも来ません。子どもたちと一緒に何かをして遊ぶことも滅多にありませんでした。

でも、母が秀でていたのは、別の形で「子ども最優先」を示していたことです。「夢だった〝教える仕事〟に就いて、娘と息子に良い教育を与える」という強いパッションのためにがんばっていたのです。もちろん、その気持ちは私たちにもきちんと伝わっていました。「何のためにやっているのか」が明確だったため、家事と子育ての大半を父に任せていても、母には罪悪感はありませんでしたし、私たちも心から応援していました。

先ほどの私の友人のように、子どもの要求に完璧に応え、いつもそばにいるというお世話の仕方もあるでしょう。でも、母のような全く違った子どもファーストな子育ての仕方もあるのです。手作りのおやつがなくても子どもは生きていけますが、自分の人生をいきいきと生きる母親がいなければ、子どもがそんな人生を目指すことはできません。

私は娘が生まれたとき、そんな子育てを選んだのです。お手本というのは、誰かに決められた「正しいこと」をする人ではありません。お手本とは、「人生のプロセス」を見せることです。そこには、失敗や失望、挑戦、冒険、試行錯誤、そして勇気が詰まっています。失敗する格好悪い母親だっていいじゃないですか。むしろ、そこから立ち上がるプロセスを見せるのが最高のロールモデルであり、最高に格好いい母親だと思うのです。自分らしく生きることが、後に続く子どもたちのロールモデルとなっていくのですから。

そんな姿を見せ子どもを導く母親となるために必要なものこそが、パッションです。

「自分」を見つめるヒント

でも、パッションの見つけ方がわからない、という女性はたくさんいます。講演会でも毎回必ず受ける質問です。母親や妻としての「あるべき姿」ばかり考えていて、自分がどんなときに楽しいと思うか、何をしたいと思うかなんてもう忘れてしまった、と自嘲する方もいました。

パッションはいろんな顔を持っています。先ほどの国連の定義のように、それはお金をもらう有償の仕事かもしれないし、社会の役に立つためのボランティア活動かもしれない。また自分を高める勉強だったり、心から楽しいと思える趣味かもしれない。

私の場合、パッションはいつも仕事という形で現れました。前にも触れましたが、アートというパッションがあった私は、どんな形でもいいからアートの仕事をしたいと思い、美術館ではたきかけのボランティアを始めました。そしてギャラリーや契約作家を持たないプライベートディーラーになった後、念願の自分のギャラリーをオープンしました。ギャラリーがひと通り成功した後は、コンサルタント業務を中心に行うアートコンサルタントへ転業し、ライフコーチの勉強も始めました。今では、ライフコーチの傍ら、執筆と講演も行っています。

ワシントンＤＣで、アクセサリーのビジネスで有名なアン・ハンドさんという女性も、非常に素晴らしいロールモデルです。彼女は、子どもが小さな頃から、忙しい育児の合間に何とか時間を見つけては趣味のアクセサリーを作り、自宅でイベントを開いて地道に販売していました。そして、子ども５人を育て上げた後に55歳で起業し、大成功したのです。彼女の最初のオフィスは、自宅の洗濯部屋だったそうです。

前述のように、差別のない学校を作る夢を見て、学校関連のボランティア活動に励んでいる友人もいます。パッションの形は一つではなく、いろいろな顔を持っています。

まず一日15分、自分の時間を確保する

パッションを見つけるために一番大切なことは、自分のための時間を確保することです。母親は、いつも誰かの世話に追われています。毎日、誰かのスケジュールに合わせて動いていて、なかなか自分の思うようには時間を使えません。でも、自分のための時間がなければ、人は精神的に追い詰められ、余裕がなくなっていきます。家事や育児以外に、母親にも自分の生活を豊かにする時間が必要なのです。

また、人生の後半になってから「私の人生はいったい何だったの？」と後悔しないため

にも、今から自分のパッションを見つけて育てる時間を確保することが大事です。時間は確保しなければ、必ず誰かがあなたの貴重な時間を奪っていきます。

まずは、一日15分。パッションを探すための「自分の時間」を確保しましょう。「何となく気になる」「やってみたい」が「好き」へ、そしてパッションに成長するまでには時間がかかります。一気に大きいことをやろうとせず、長い時間をかけ、小さいことを積み重ねていく。少しずつ、丁寧に自分のパッションを育てていくというマインドセットが必要です。

また、小さい積み重ねであれば、たとえ失敗しても小さな失敗で済みます。それでも毎日15分ずつ積み重ねていけば、5年後、10年後には、人生は大きく変わっているはずです。

ある女性は、今やっている仕事でいつかは独立したいという夢を持っているものの、今は子どもの育児と親の介護、そして家事や仕事が重なって、何もできないと話していました。話を伺うと、確かにとてもハードなスケジュールです。でも、自分で自分の時間を作らなければ、誰も作ってくれません。時間は誰かが奪っていくのです。

まずは一日15分でいいから、自分の時間を確保することが大事。その15分を確保するためにできない家事や育児が出てきたとしても罪悪感は持たないこと。自分の人生を模索し生きることは、その1秒1秒全てがお子さんのためになるのですから、15分を確保する自分を褒めてあげましょう。

時間がないとき、女性はまず自分のことを諦めてしまいますが、毎日必ずパッションのための時間を持つようにしましょう。そんなときは、やはり夫や家族などの身近な人が応援してくれなければ、やり通すことはできません。母親が自分の時間を確保するためには、先ほど触れたように家事の外注や合理化を考えるという手もありますが、やはり夫の理解と家事や育児への参加が必要です。

そして、夫や家族の協力を得るためには、まず自分の人生をどう生きたいかを考え、その意思をきちんと相手に伝えましょう。その上で、やはり家事の分担が必要であれば冷静に話し合い、大事なことはしっかり交渉することが大事です。

その際の話し合いの材料となるのが、やはり、親の生き方が子どもに与える影響です。母親が自分らしくいきいきと生きることで、子どもにどれだけの利益があるのか、反対に、母親が不満や不安を抱えて生きることで、子どもにどれだけの悪影響があるのか。それを、ご夫婦でよく話し合ってみるといいでしょう。

まずは一日15分自分のための時間を確保し、あなたのパッションを探すところから始めてみませんか。その15分は確実にお子さんの心に刻まれ、そして母親としてのあなたの人生の可能性と選択肢を広げ、自分の人生をいきいきと切り開くタネになってくれることでしょう。

第3章

「パッション」を仕事に活かす方法

“Chase your passion, not your pension.”

Denis Waitley

年金ではなく、パッションを追い求めなさい。

デニス・ウェイトリー（作家・能力やモチベーション開発専門のコンサルタント）

仕事にパッションは必要か

先日、会社勤めをする若い女性に、こんな質問をされました。

「私も、重子さんのようにパッションを感じる仕事をすれば、どんなに忙しくても大変だとか嫌だと思わなくなるのでしょうか？」

私は今までアート業界に20年近く身を置いた後、ライフコーチに転業しました。

アート業界では、本当に大変なことばかりでした。

アートの世界というのは、ニコニコした笑顔の裏で嫉妬の炎を燃やし、お互いの足を引っ張り合うような激しい競争の世界です。その中で、私は特別なコネも出身大学の派閥も持たない「ぽっと出」の新参者扱いで、辛い目にあうことも少なくありませんでした。

また、ギャラリーオーナーの仕事には長時間労働や出張もたびたびありますし、自分で立ち上げたビジネスですから、誰かが代わってくれるわけではありません。まさに目の回るような大変な毎日でした。

でも、私は一度として、朝起きるのが億劫になることはありませんでした。次から次へとやってくる難問の数々をどうやっつけようかと考えると勇気が湧き、小さなギャラリーの扉を開けるたびに、大きな誇りを感じました。

作品が売れれば、銀行口座の数字が増えていきます。自分の「やりたい」や「好き」という思いを行動に移して結果を出せるということに、私は最高の喜びを感じていました。失敗も成功もすべて自分に責任が降りかかってきますから、行動の一つひとつに意味が出てきます。もし、私にとってギャラリーの仕事が単なる時給を稼ぐための労働だとしたら、美術館ではたきかけを命じられた瞬間に辞めたくなったことでしょう。

ですから、「仕事にパッションは必要？」と問われれば、私はこう答えます。

「パッションがあれば、辛くつまらない労働ではなく、働くことが楽しい喜びの時間に変わる」

私たちは人生の大半を働いて過ごしますが、その人生を長く辛くつまらないと感じるか、生きがいや喜びを感じるかは、その働く時間の使い方にあると私は思っています。

つまり、「その人の働き方＝その人の生き方」とも言えるかもしれません。

好きでもないことを長時間やらされる人生もあれば、好きなことに全身全霊で打ち込める人生もあります。あなたはどんな働き方、生き方を求めているでしょうか？

これからの人生100年時代を迎えるにあたって、私たちはこれまでよりもずっと長い時間、働くことになります。長く生きるのですから、その分、稼がないといけませんし、仕事をする時間もそれだけ延びていきます。

働くことが「長く辛く、つまらない労働時間」となるか、「楽しい喜びの時間」となるか。それを左右するのが、パッションだと思うのです。

仕事にパッションを感じられれば、以下のように、たくさんのいいことがあります。

●朝、目を覚ますのが楽しみになる

仕事にパッションがあれば、毎日が活気にあふれ、朝、目を覚ますのが楽しみになります。反対にパッションがなければ、朝は気分の重さとともに始まり、判で押したようにマンネリな毎日を送ることになるでしょう。「今日も仕事に行かなければ……」と義務感を感じる朝ほど、辛いことはありません。

●仕事で究極の集中力、フロー状態を経験できる

前に触れたように、心から好きなことに没頭しているときは、集中力が高まって創造性や生産性を発揮しやすくなり、大きな満足感や自己肯定感の高まりを経験すると言われています。そんなとき、さまざまなアイデアも湧き出てくるでしょう。

●「次は何をしよう」というやる気が湧いてくる

嫌な仕事をしているときは「どうしたら、この仕事をやらずに済むか」としか考えられませんが、パッションがある仕事は、誰かに言われなくても自分からやるようになります。

●まるで遊んでいるような楽しい気分を味わえる

パッションがあれば、仕事は長く辛くつまらない労働ではなく、楽しい時間となります。「働かされている」「時間を取られている」という感覚がないため、たとえ長時間労働をしなければならないときも気になりません。

●努力や失敗が成功の過程になる

好きなことをやっているときの努力は「努力」とは感じず、失敗は「失敗」と感じません。心がポジティブになっているから、批判や自分のまちがいも受け入れることができ、すべてが成功への過程だと思えるのです。前向きに取り組み、工夫しようとするため、上達も早くなります。

●やり抜く力を発揮できる

好きなことをやっているときは、多少のことでは諦めずに物事を達成しようとする、やり抜く力が出てきます。

●達成感を感じることができる

人に言われたものではなく、自分が好きなことで、自分が決めたゴールに到達したときの達成感に勝るものはないでしょう。

このように、仕事にパッションを感じられるとたくさんのメリットがあります。

人生の大半の時間を、自分が心から好きなことと全力で向き合って実現していけるのですから、とても素晴らしい状態と言えます。

パッションを仕事にできなかったら

でも、世の中にはパッションが仕事につながらないことも、今の仕事にパッションを感じられない人もたくさんいます。いえ、むしろそういう方のほうが多いかもしれません。

もしもパッションを仕事につなげられないとしたら、どうしたらいいのでしょうか。

すぐに思い浮かぶのは、「パッションを諦める」という選択肢でしょう。

でも、何度も繰り返しますが、パッションのない人生は、地図のない人生です。実りの多い人生ではなく、ただ辛くつまらない時間になってしまいます。

ですから、パッションを諦めるのではなく、「どうしたらパッションと一緒に生きていけるか」を考えたらいいと思うのです。

たとえば、仕事のすべてにパッションを感じることは難しいかもしれませんが、どこかに一つでいいから「意義」を見つけることができれば、仕事に向き合う気持ちも変わってきます。どんな仕事にも、それが誰かの役に立つとか、社会が良くなるという意義や目的があるはずです。一度、それをじっくり考えてみることが大切です。

また、視点を変えることで、その仕事のどこかに、「好き」や「楽しさ」を見つけられるかもしれません。前に触れた友人のミシュリンは、まったくパッションを感じられないエネルギー関係のアナリストの仕事をしていましたが、イベントを企画するプロジェクトだけは好きだったそうです。彼女はそこにやりがいを見出し、後にイベント会社を立ち上げました。とにかく何か一つでもいいのです。その仕事と自分のパッションにつながりを見つけてみましょう。

実は、娘のスカイも、早くからこの問題と向き合ってきました。

前述のように、スカイはバレエに強いパッションを感じ、5歳の頃から打ち込んできました。将来はバレリーナになりたいと言っていた時期もあります。途中から数学や政治にもパッションを感じるようになりましたが、バレエに対するパッションの強さは変わりませんでした。

スカイが高校生のときには、バレエ教室の指導者から、高校をやめてバレエに専念する道を勧められました。

しかし、バレリーナというのは実に過酷な職業です。常に激しい競争があり、観客や批評家から厳しく批判され、怪我や不調とも闘い続けなければいけません。子どもの頃にバレエをやっていたという人は多くても、バレリーナを生業《なりわい》として生きていける人はほんの一握りという、非常にハードな世界です。それでも、夫と私は、スカイに「バレリーナで食べていくのは大変だから、諦めなさい」とは言いませんでした。

結局、スカイは高校を辞めてバレエに専念する道も選びませんでした。バレエと進学のどちらかに絞るという考え方ではなく、「どうしたら大好きなバレエを長く続けられるか」を家族で考えたのです。

私たちは、まずバレリーナの現実について話し合いました。その上で、ではどうやって生きていくためのお金を稼ぐのか、そのためにはどうすればいいのか、どんな仕事をしたいのか、じっくり彼女の話を聞いたのです。

好きなことをずっと続けていくためには、経済的自立を可能にする仕事が必要になります。パッションを支えるための仕事です。残念ながら、教育や教養や学歴がなければ、選択肢の幅は狭くなるというのが現実です。だからこそ、将来、経済的に困らないように高校や大学にはきちんと行っておいた方がいい。スカイはそう結論を出しました。

その後、彼女はコロンビア大学に進学し、政治やファイナンス分野を本格的に学び始めました。

高校生の頃から政治に対するパッションをじっくり温めていた彼女は、次第に、政治家になって平等な社会を実現したいという大きなビジョンを抱くようになりました。そして徐々にバレエから政治にパッションの軸を移し、自分の夢に向かって走り始めたのです。

あえてパッションを仕事にしないという選択

このように、常にパッションと仕事がしっかり重なるとは限りません。パッションに対する考え方もさまざまでしょう。自分が大好きなパッションだからこそ、あえて仕事にしないという選択をした人もいます。

私の友人の男性は、子どもの頃からヴァイオリンに強いパッションを抱いていました。彼は音楽学校を卒業した後、幼い頃からの夢を叶え、プロのヴァイオリニストとしてオーケストラの一員になることができました。

でも、プロとして演奏するうち、言われたことを言われたように弾かなければいけないことに大きな不満を感じるようになったというのです。徐々にヴァイオリンに対するパッションも薄れてきて、このままではヴァイオリンが嫌いになってしまうという危機感まで抱くようになりました。

彼にとってヴァイオリンは、趣味や仕事を超えた生きがいです。そのパッションが失われたら、自分自身ではなくなってしまうと考えたのです。そこで彼は思い切ってオーケストラを辞め、生活のために保険のエージェントという新たな職を得ました。

彼は今も毎日ヴァイオリンを弾いています。自分が弾きたい曲を弾きたいように弾き、幸せを感じていると言います。一時は毎日が辛くてたまらなかったけれど、最近では幸福度も回復してきたそうです。

パッションを保つために、あえてそれで稼がないという選択もあるのです。パッションがあれば、毎日を生きる活力が自然と湧いてきます。生活のための仕事も、パッションのためと思えば乗り切れるのです。

さらに、パッションを有償の仕事にはできなくても、無償の仕事を通してパッションと生きる道もあります。

劇場の町としても有名なワシントンＤＣでは、多くの劇場で高齢のボランティアたちが働いています。お客様を席に案内する仕事を無償で行っているのです。

また、毎年ワシントンＤＣで春に10日間に渡って開催される映画祭、ワシントンＤＣフィルムフェスティバルにはさらに多くのボランティアが参加します。年齢は20代から70代と幅広く、毎年やっているという人も少なくありません。ボランティアたちは、各劇場で上映される映画や映画祭について観客に説明したり、観客を誘導したり、映画の終わりに感想を書いた紙を集めたりする仕事をします。

映画が大好きでも、それが仕事になるとは限りません。でも、同じパッションを共有する人とつながっていたいという思いや、自分が好きなことを通して社会とつながりたいという思いから、さまざまなバックグラウンドを持つ人たちが集い、「映画祭の成功」という一つの目的を目指してがんばるのです。

年代の違うボランティア同士が熱心に映画の感想を話し合う姿や、観客を丁寧にエスコートする様子を見ていると、微笑ましく、幸せな気分になってきます。

映画の仕事を心から楽しんでいる彼らの姿を見ると、やはり大好きなことを有償の仕事にすることだけがパッションと生きていく道ではないと、実感するのです。

また、私が美術館でボランティアをして経験や人脈を少しずつ手にしていったように、社会貢献活動やＮＰＯの支援活動を通してキャリアを構築していく方法もあります。

今、新しい働き方とされる「パラレルキャリア」も、それと似ていますよね。パラレルキャリアは、これまでのような「本業」「副業」の考え方とは少し違います。

本業を持ちながら、第二、第三のキャリアを築いていきますが、その際には報酬を得ることを目的とするのではなく、パッションや夢の実現、キャリアのスキルアップ、また社会貢献や社会をよくするために行われる活動です。

平均寿命が伸び、元気に働ける時間が伸びている今だからこそ、一つの会社や仕事だけに一生を捧げるのはもったいないと思いませんか？

今の仕事を辞めなくてもいいのです。今の自分自身としっかり向き合って、好きなことを追求し、二つ目、三つ目の仕事を始めてみるという選択もあります。それらの仕事ではすぐに金銭的な報酬が得られなかったとしても、時間をかけて育てていけば、何らかの形でいつか実を結ぶはずです。

新しい目的

繰り返しますが、パッションは生きていく上で欠かせないものです。パッションがあれば、多少のことが起きても挫けず、前向きに生きていくことができます。

私自身、パッションと仕事は密接な関係にありましたが、常にスムーズに仕事につなげられたかと言えば、そうではありませんでした。私なりにいろいろ模索してきたのです。たとえば、２００４年にアートギャラリーを開いたときも、最初は経済的に不安定でしたから、収入の安定のためプライベートディーラーを続けていました。

その後はギャラリーの運営だけで稼げるようになっていきましたが、それと同時に、アメリカ社会におけるアジアの現代アートに対する注目度も大きくなっていきました。そのうち、アジアの現代アートは、主要な美術館すべてに置かれるようになりました。

つまり、ギャラリーをオープンする前に私が感じていた「世の中にアジアの素晴らしいアートを伝えたい」という目的もある意味で叶ったということです。次第に私は、自分の使命はひと段落したように感じ始めました。

そんなとき、私は他の人の人生を支える「ライフコーチ」という仕事に出会います。そしてライフコーチの勉強を進めるうち、その素晴らしさにますます惹かれるようになりました。人生を戦略的に捉えて設計していくためのコーチングスキルは、誰の人生にも欠かせないものだと強く感じるようになったのです。

なぜなら、アメリカにも、過去の私のようにパッションが見つからず、どう生きたらいいのかわからないと悩んでいる人がたくさんいるからです。自分のやりたいことも見つからず、周りの人の期待に沿って生きてきて、歳をとってから「私の人生はいったい何だったのか」と後悔する人も多くいます。

でも、パッションがあれば、その人の人生は大きく変わっていきます。

一人でも多くの人が、自分だけのパッションを見つけて、幸せに生きていってほしい。だから、たくさんの人のパッションを支えるお手伝いがしたい——それこそが、私の新しいパッションになったのです。

私は、ライフコーチの勉強を少しずつ続けながら、資格を取りました。

でも、資格を取ったからといって急に仕事がたくさん来るわけではありません。そこでライフコーチで経済的に自立できるまで、アートコンサルタントの仕事も続けました。今では、ライフコーチの仕事だけでやっていけるようになっただけでなく、出版や講演を通して、より多くの方にパッションを伝える仕事もできるようになりました。

人は、年齢や経験とともに変わっていきます。体力的にも仕事のやり方を変えていく必要がありますし、人生経験を重ねた分、できる仕事の内容も変わってきます。だから、パッションの芽も一つに絞らなくていいのです。人生が続いていけば、いろいろなパッションの芽が出てくるはずです。

お金と人生の意義、どちらが大切？

「では、自分のパッションを無視して、お金や見栄えで仕事を選ぶという選択はしないほうがいいのでしょうか？」

講演で、そんな質問をされたことがあります。

いいえ、そのお金に明確な使い道があり、そのお金の先にあるものがしっかりと見えているのなら、私はその選択もありだと思います。「何のために」がはっきりしていて、その会社や職種で働くことが確実に次のキャリアにつながるなら、その選択も有効でしょう。

ただし、一つ条件があります。

それは、その仕事が嫌いではないということです。

前に触れたように、私は留学費用を貯めるため、給料が非常に良かったテクノロジー関連のコンサルティングをする外資系企業で3年間、リサーチャーをしました。

私はテクノロジーに興味もありませんでしたし、パッションはまったく感じませんでしたが、留学費用を貯めるという目的があったため、預金通帳を眺めながら何とか続けることができました。また、もともとリサーチは好きで得意でしたし、英語とフランス語を日常的に使えるのも、つまらなさ解消の一役を買っていました。

反対に、たとえその先に明確なキャリアが見えていたとしても、好きになれない仕事や、自分に合わない仕事は続きません。好きでもないのに、給料が高いからとか、大きな会社だからといった理由で仕事を選ぶのは、不幸の始まりではないでしょうか。

もし私がリサーチの作業を好きになれず、フランス語と英語が好きでなければ、どんなに給料が良くてもすぐ辞めていたでしょう。あるいは辛く苦しい3年になったはずです。

また前にも触れたように、私はこのリサーチャーの仕事の前にも外資系企業で重役秘書の仕事をしていましたが、これこそ私にはまったく向かない仕事でした。

秘書の仕事の中に一つでも好きな作業があれば良かったのですが、残念ながら何一つとして得意なことも好きなことも見つけられませんでした。ボスとは性格も合わず、喧嘩までして人事部に呼ばれたくらいです。コピー機などの機械全般も苦手で、「コピー機を使えない秘書」との異名を得る羽目にもなり、結局、一年で辞めてしまいました。

格好のいい仕事、見栄えのいい仕事が、必ずしも自分に向いている仕事とは限りません。好きではない仕事にしがみついているうちに失う機会や時間の方が問題です。その損失はあまりにも大きいのです。どんなにお金を稼いだとしても、失われた機会と時間を取り戻すことはできません。

それ以来、私はどんなに報酬が良くても、自分に向かない仕事や好きでない仕事はしないと決めています。

でも、興味深いことに、コーチングをしていると、「お金持ちになること」がクライアントの価値観の上位に入ることはまずありません。

なぜなら、誰もが自分の人生に「意義」を求めているからです。お金はその意義を可能にしてくれる道具ではあるけれど、お金自体は人生の意義にはならない。そう語る人は少なくありません。

その人の人生にとって何がもっとも大切なことなのか。普段、あまり考えることはないかもしれませんが、非常に重要な課題です。

誰にアドバイスを求めるか

前述のように、私がお給料や見栄えのいい仕事を選んだのは、その時代特有の価値観や「空気」も関係していたと思います。

私は1980年代のまさにバブル絶頂期に大学を卒業し、外資系企業に就職しました。当時は、「どれだけ稼げるか」「どれだけ豊かに物を持てるか」「どれだけ偉くなれるか」が多くの人にとっての成功の価値観でした。そして、会社に求める第一の価値は、「どれだけ安定しているか」。

そのため、仕事選びや会社選びも、その4つの価値観を中心に考えるというのが社会の風潮だったのです。

仕事に関して「やりがい」や「生きがい」といった思考を持つ人はほとんどなく、いたとしても、まるで異星人のような扱いでした。

でも、仕事に対する価値観や社会的な風潮も、時代とともに変わってきます。

1980年以降に生まれたミレニアル世代にとっては、お金や物や地位ではなく、「やりがい」「生きがい」「好き」が大切な価値観のようです。

ここで一つ、大きな問題が出てきます。それは、今、これから日本を背負って立つ世代にアドバイスをしているのが、昭和の古い価値観で育った親や大人たちだということです。

昭和の価値観で育った大人たちにとって、終身雇用は当たり前。年次を追うごとに役職や賃金が上がっていき、生活を一生保障してくれるはずの会社に人生を捧げることで人生の安定を享受してきたのです。「年功序列」「終身雇用」「24時間働けますか?」「愛社精神」「会社のために一丸となって!」などという価値観で育ってきた大人たちにアドバイスを求めれば、自分の気持ちとはまったく正反対の選択をすることになってしまうかもしれません。まさに、世代間における価値観のギャップです。

ですから、これから就職活動をする人が最初にすべきことは、たとえそれが親でも、「かつての時代のルールしか知らない大人にアドバイスを求めるのをやめる」ことです。

人は、自分の体験をもとに話をする傾向があります。昭和の時代は知識を精一杯詰め込んで偏差値の高い大学へ行き、大企業に就職すれば、定年まで働いて退職金をもらえるのが当然でした。夫は仕事優先、妻は家事育児に専念していれば、たいていは夫の稼ぎだけで家族を養えたのです。

そういう時代を生きてきた人にアドバイスを求めても、多くの人はその価値観を元に話をするだけです。人生の「勝ち組」になった人は、その成功体験からなるべく偏差値の高い大学に行けと言い、「勝ち組」になれなかった人は、その失敗体験からやはりなるべく偏差値の高い大学に行けと言う。自分の経験を通してのアドバイスですから、それはとても強固なものです。

でも、今は成功への道も幸せへの道も一つではありません。

大学での教育はもちろん重要ですが、いい大学を出たからといって成功できるとは限りませんし、反対に有名大学出身でなくても、成功している人はたくさんいます。

また、人生100年時代と言われますが、帝国データバンクの調査によれば、日本企業の平均存続年数は約38年。創業100年を超える会社は全国で2％しかありません。

この事実を踏まえれば、そもそも企業に終身雇用を求めるのがどれだけ無謀であるかは明白ですよね。

また、グローバル化が進み、社会がより多様になり、ＡＩが人の仕事を代替するようになる社会では、5年先の未来もわかりません。変化の激しい現代に「安定」を求めるのはとても無理な話なのです。

「安泰」は自分で作る

では、仕事を選ぶ際に、まず何をするべきなのか。

もっとも大事なことは「自問」です。

コーチングでも仕事や就職に悩む方をたくさん見てきましたが、そんなときには、こうしたことを自分自身の心によく聞いてみるといいでしょう。

・自分にとって、「働く」とは、どんな意味があるのか
・もしも、生活に困らないとしたら、働くのをやめるのか
・「どんなふうに働きたいか」よりも、「どう生きたいか」

9時から5時まではとりあえず生活費のために働き、自分の本当の人生は5時から始まるのだという考え方もあるでしょう。でも、もしも一日のうち全部の時間が自分にとって楽しく喜びの時間になるなら、より素晴らしいとは思いませんか?

さらに、もしも私自身が今、就職活動をするとしたら、「どこの会社に入りたいか」ではなく、「何をしたいか」を考えます。

欧米では多くの人が自分の専門分野を決め、転職しながらキャリアアップしていきます。一生を通して一つの会社に居続けようとするのではなく、転職を念頭に置いて最初の会社を選ぶのです。スペシャリストとして専門性を身に付けていった結果、組織に属さずに個

人として仕事をする人もいます。

日本では、かつては会社という「箱」に自分を合わせてアピールすることが求められていたかもしれませんが、ＡＩが台頭してくる時代には、「会社員」ではなく「スペシャリスト」が求められることになるでしょう。

会社に入ることだけにパッションを燃やしていたら、その後の長い人生をどう過ごせばいいのでしょうか。知人の中には、せっかく第一志望の希望の会社に入社したのに、その後は「何のために仕事をするのか」という視点がなくなり、年を追うごとにやる気を失っていったという方もいました。

「どの会社に入るか」よりも、「その会社で何を学び、何を身に付けられるか」が大切なのではないでしょうか。自分の「天職」を見つけ、育てていくという考え方です。

そうしたスペシャリストになるために、やはり大切なのは、自分の「好き」を見つけること。自分はどんなことがやりたいのか。常にそれを念頭に置いて考えることです。

どんなに給料が良くても、好きでないことは続きません。どんなにお金を稼いでも「この仕事が嫌」という気持ちに苛まれる日々に幸せはないのです。それに、仕事を始めては辞めるという繰り返しになれば、自己肯定感は下がり、自信もなくなっていきます。

お金は、利便性や快適さ、贅沢、満足感など、いろいろなものを私たちに与えてくれます。でも、その短期的な幸せのために、私たちは本当の自分の幸せを見失ってしまうこともあるのです。

以前、東京・恵比寿からタクシーに乗ったときの話です。私はよく運転手さんと話をするのですが、このときの女性運転手さんの話には共感することばかりでした。

この運転手さんはもともと車が大好きで、運転することも大好きだったそうです。でも、20代の頃は車両関係の会社の事務の仕事をしていたとのこと。

その理由は、職業の選択肢を広げるため。免許があればいつでもできる大好きな運転の仕事より、20代には事務職の経験を積んでおいたほうが、その後に有利になるのではないかと彼女は考えたから。でも実際に働いてみると、人付き合いが苦手な彼女にとって、事務の仕事は辛いものでしかありませんでした。それでも我慢して3年ほど勤めましたが、やはり向いていない。徐々に自信も失い、精神的にも辛くなってきた矢先にお母さんが体調を悪くされ、彼女がその介護をすることになりました。

不幸中の幸いというのでしょうか、それは彼女にとってはいいタイミングでした。勤務時間が柔軟な仕事が必要になり、彼女はもともと好きだった運転手に転向したのです。

そして今、彼女は毎日幸せを感じながら仕事をしているそうです。タクシー運転手の仕事は、想像していた通り自分の性格にも向いており、何より運転するのが楽しいと言います。やはり、どんなときにも行き着く先は好きなこと。つまり、パッションなのです。

2008年のリーマン・ショック以降、世界経済は深刻な景気後退に陥っています。日本でも依然厳しい状況は続いており、メガバンクですら支店や従業員を大幅に削減するようになりました。

10年後、いや1年後だって、どうなるかわからない時代です。

こんな時代の「安泰」は、もはや自分で作るしかありません。

それは、「好きなことを見つけて、それとともに生きていく」という選択です。

やりたいこと、好きなことがあり、さらにそれが誰かの役に立つことがあれば、細々とでもいいから続けていこうという前向きな気持ちにつながっていきます。

また、たとえ今の仕事が生活のために稼がざるを得ない仕事であっても、パッションがあれば、そのためにがんばろうという意欲につながります。仕事は単に「辛く、つまらない苦役」ではなくなり、働く意味や意義が出てくるのです。

第4章

定年後こそ、「パッション」天国！

"Never too late, Never retire, Love your life." Anonymous

何ごとにも遅いということはありません。生涯現役で、人生を愛することです。

作者不明

不安第1位は「老後の生活」

日本ファイナンシャル・プランナーズ協会が全国の20～70代の男女を対象に行った「世代別比較　くらしとお金に関する調査2018」(2018年11月)によれば、「人生100年時代を迎えるにあたって、あなたがもっとも不安を感じることは何でしょうか?」という質問の回答第1位は、「老後の生活設計」(60・4%)でした。

実際、2019年6月には、老後の金融資産として「2000万円が必要」とする試算を盛り込んだ金融庁の報告書が大きな波紋を呼びましたし、日本の書店には、定年後の生活設計についての書籍や雑誌が目立つようになりました。

確かにこれから年金制度はどうなるかわかりませんし、世界有数の長寿国の国民としては、不安や心配が尽きないという気持ちもわかります。

日本で行うコーチングや講演の席上でも、多くの方からこうした声をお聞きするようになり、私自身、何とかできないものかと考えるようになりました。

そして、こう思ったのです。シニアにこそ、パッションが必要だと。

そうした不安に応える書籍や雑誌には、定年後を生き残るためのさまざまな方法や工夫が書かれています。それは年金のやりくりや資産形成のノウハウ、ハローワークの活用法、仕事のなくなった夫が妻に嫌われないための方法など実践的で有益な情報でしょう。

でも、私はもう少し違ったアプローチも必要ではないかと思うのです。

それは、会社や仕事をやめた後は残りの人生を生き延びるという「老後」「定年後」といった捉え方をするのではなく、本当にやりたいことをするために「新たな人生」を始めるのだ、というマインドセットです。

たとえば、「はじめに」でご紹介した「WHO AM I?」ワークショップのシニアの皆さんのように、60代以降でも自分の好きなことや興味を持ち、やりたかった仕事をし、いきいきと毎日を生きている方はたくさんいらっしゃいます。そんな方々の生き方は、私たちに多くのヒントを与えてくれるでしょう。

「アートと本が私のパッション」と答えた女性は、瞳を輝かせながら、自分のパッションがどのように育っていったかを話してくれました。子どもの頃からアートと本が大好きだった彼女は、本好きが高じて書くことにも興味を持ち始め、大学を出た後は新聞や雑誌の記事を書いていたそうです。子育てが終わって自分の時間を持てるようになったとき、「アート」と「書くこと」の二つのパッションを融合させ、アートを支援する非営利団体のために企画書やレポートを書く仕事を始めました。

また、弁護士で外交官だった私の夫・ティムのパッションは、人種差別のない世界を作ることでした。外交官として南アフリカでアパルトヘイト撤廃に尽力し、退官してからは、研究所で人種差別撤廃のための研究を続けました。

引退した後の彼のパッションはバレエです。金融危機の影響で政府による助成金が減少する中、芸術やバレエの発展のために、彼は資金集めに駆け回っているのです。

このように、その人にパッションがあれば、人生に退屈している暇などなくなってしまうのではないでしょうか。

そもそもアメリカには「定年」という概念がありません。アメリカやカナダ、EU各国では雇用における年齢差別は禁じられており、定年退職は違法にあたります。

そのため、働く人は会社や仕事を辞める時期を自分で決めます。リタイアの時期を自分で決めるという時点で、その後の生活をより主体的に捉えていけるのかもしれません。

そして、会社を辞めた後も、コンサルティングや投資、営業など、それまでやっていた仕事を個人として続けていく方や、社会貢献活動やボランティア活動などに精を出す方も少なくありません。

「生涯現役」はすでに欧米の先進国では当然のこととされており、年齢を重ねてからも社会の役に立ちたいという意欲を持って働く方が多いのです。

その鍵になるのが、やはりパッションです。朝目を覚ます理由であり、生きがいであり、それを取ったら自分でなくなるというもの。定年後こそ、パッションが必要なのです。

定年後は「終わった人」？

一方、日本では一般的に「定年＝終わった人」という認識があり、定年退職後はなるべく人に迷惑をかけずに生きたいとおっしゃる方も少なくありません。

でも、本当にそうでしょうか？

今のシニアは、これまでの日本を支え、引っ張ってきた人たちです。そうした方々の努力や智恵があったからこそ、戦後の日本はここまで発展してきたのです。

経済協力開発機構（ＯＥＣＤ）東京センター所長の村上由美子氏によれば、日本は55歳以上の人の学力や能力が非常に高い水準にあるといいます。ＯＥＣＤ加盟国の成人技能調査によると、数的思考力、読解力で日本人は世界でもトップレベル、それも55歳以上が突出しているそうです。

村上氏は日立総合計画研究所のインタビューで、年齢が高くなれば新たに学ぶ力が落ち、スキルの習得やスキルアップは難しくなるイメージがありますが、そうしたことをもっとも効率よく身につけられるのが、日本の55歳以上の人たちだと語っています。

そう、今のシニアたちは、いわば日本の隠れた秘密兵器なのです。

そんな方々を「終わった人」と決めつけるなんて、もったいないと思いませんか？　子育ても終わり、過酷なビジネスの競争も一段落、70代になった今、パッションでいきいきと活動している夫を見ていると、「シニア世代こそパッション天国だなあ」と思えるのです。子どものような好奇心はそのままに、経験値はずば抜けて高い。だから、シニアの皆さんは終わった人どころか、若い頃とは違う形で社会に貢献できる秘密兵器だと思うのです。

ここでシニアの皆さんに一つ提案があります。それは、これからは会社に合わせた生き方、働き方をするのではなく、「自分は何が好きか」、そして「それをどう社会や地域に活かせるか」を考えてみてはどうか、ということです。会社を卒業した今こそ、新しい生き方を始めるときです。

シニアの皆さんがこぞって社会の役に立つパッションを見つけて実践し始めたら、日本はもっと元気になるはずです。今後、高齢者が爆発的に増えてくる日本において、能力・経験・健康に優れた日本のシニア層がそれだけの力を持っているということに、私は希望の光を感じています。

もちろん、会社を辞めたら不安だという気持ちもよくわかります。

会社に所属していたときは、自分の存在を説明してくれる役職や肩書きがありました。会社に行けば、自分の居場所があり、仕事仲間がいました。会社に行けば、常に「やるべきこと」があり、家族や会社から必要とされていました。

長い間そうしたことに慣れてきた人が、いきなり所属先や目の前の仕事がなくなるのです。毎日出勤していたのに、ある日急に行くところがなくなれば、大きな不安や孤独を感じるのは当然かもしれません。

そんなときこそ、自分としっかり向き合い、自分が何をしたいのか考えるべきです。人生１００年時代、定年後の時間を不安と惰性で生きるにはあまりに長い。

会社の一員として会社の役に立つことを考えるのではなく、これからは個人として、社会の役に立てることを考えるのです。

特に男性の場合は、これまで社会との関わりは仕事を通してのものが多かったのではないでしょうか。でも、これからは「自分」という個人を通して社会と関わることができるのです。そういうチャンスが巡ってきたと考えてみましょう。もう「○○会社」という看板を背負う必要はなく、「自分」という看板のみで社会と関わっていけるのです。すばらしいことじゃないですか。

まずは、自分が好きな趣味でも、興味のあるボランティアでも、社会貢献活動でもいいのです。家事や育児、介護を通して、社会と関わることもできるでしょう。

もちろん、得意なことや好きなことを仕事にするという選択肢もあります。これまでのようには稼げなくても、何かしら仕事を通して社会の役に立つことができるのです。

その際に大事なことは、新しい生き方をするためには、新しい行動様式と考え方が必要だということ。会社や組織を辞めたのに、これまでと同じような働き方や生き方をしていては、うまくいきません。

まず、企業名や肩書きをなくしたら、影響力や立場は一変するということを覚悟しておくべきでしょう。よほど大きな組織の役員レベル以外、出身企業や役職は、定年後には意味をなさないと思っておいた方がいいと思います。いえ、むしろ「元部長」や「元社長」という肩書きが邪魔になってしまう可能性もありますよね。こう言っては失礼かもしれませんが、単に偉そうなおじさんになってしまうのです。「何ができますか？」と聞かれて「部長ならできます」と答えた人がいたという笑い話があるくらいです。定年後に「コンサルタント」を名乗る方も多いですが、残念ながら名刺を作っただけで終わってしまう人もいます。

「元部長」や「元社長」という意識やプライドはいったん捨て、会社や肩書きではなく、「自分」という看板を背負って社会のためにどう役立てるかを考えてみてください。

そのためにも、まずは自分の「やりたいこと」「興味のあること」を見つけることが大事です。そのことで、自分はどう社会に役立てるかを考えてみたらいいと思うのです。

退職後のパッションの見つけ方

でも、いきなりパッションを見つけて好きなことをやったほうがいいと言われても、今までやってこなかった方にはハードルが高いかもしれませんね。

そんなときは、次のようなステップを踏んで、少しずつ始めることをお勧めします。

大事なことは、まず行動することです。

ステップ1　新しい趣味や学びを見つける
ステップ2　若い友人を作る
ステップ3　自分の好きなことで、できる範囲で仕事を始める
ステップ4　パッションを社会貢献に結びつける

ステップ1　新しい趣味や学びを見つける

新しいスタートに大事なのは、初心に戻る勇気と好奇心です。定年退職や子どもの独立を機に、ぜひ興味のあることや学びを見つけてみてください。

その際には、いろいろなアプローチがあります。

・昔やってみたかったことをやってみる

定年後は、子どもの頃や若い頃にやってみたかったことをやってみるチャンスです。それは今、どんな環境でできるでしょうか？

以前、ある地方で農家を改築したアートギャラリーを訪ねたことがあります。

そこのご主人は長年、教育関係の仕事をしながら趣味で絵を描いてきましたが、定年退職後に専業のアーティストになり、その後、自分でギャラリーを開いたそうです。

その際には、油彩画から水彩画に変更しました。その理由を伺うと、油絵というのは準備に手間がかかり、材料費も高いから。定期的な収入がないため水彩画に変えてみたところ、意外にもそのほうが自分の性格に合っていたそうです。

というのも、油絵の場合は違うと思ったら何度でも塗り重ねていけますが、水彩画の場合は基本的に塗り直しができません。あれこれと長時間迷うのではなく、その瞬間の情景を鮮やかに描く短期決戦の勝負になります。それが楽しいのだそうです。

今は、ギャラリーで自分の水彩画を含めたアートを展示販売しながら、制作を楽しむ毎日を送られています。

・まったく新しい趣味にトライする

あるご夫婦は、60歳を過ぎてからラテン系のダンス「ズンバ」に二人ではまったそうです。本業でそろそろ定年を迎えるというご主人は、会社では役員の一人ですが、明るい性格で自分からいろいろな年代の人に話しかけるため、若い人からも大人気です。それまではテニスという趣味を持っていましたが、ズンバに出会ってからは「第二の人生はズンバ！」と言うほど、強いパッションを感じ、毎日練習に励んでいるそうです。

最近はズンバのインストラクターの資格を取るため、一層練習に励んでいるとのこと。

シニアでも十分ついていけるズンバのクラスを作ってくれたら、私も夫と一緒に参加したいです。

このように、スポーツやダンスでも、シニアが楽しめるものはたくさんあります。若い頃にはなかったものや、知らないものも多々あるでしょう。

私の夫が今、友人と一緒に広めようとしているのがペタンクです。ペタンクはフランス発祥のスポーツで、目標とする球に金属製の重いボールを投げ合い、相手のボールより近づけることで得点を競い合うゲームです。

知り合いには、ともに90代でペタンクの大会を目指しているご夫婦もいます。大会を目指して夏も外で練習しようとするため、息子さん夫婦に止められていましたが、そのご夫婦にとってペタンクは日々の生きがいとなるパッション。ペタンクがあるからこそ、毎日が楽しいとおっしゃっていました。

一方、私の友人の70代のアメリカ人女性は今、社交ダンスにパッションを燃やしています。彼女にとって何より楽しいのは、競技会に出ること。そして華やかな衣装で自分を表現すること。この二つがモチベーションを上げてくれるのだそうです。

それにしても彼女の鍛えた背中の美しいことといったら、とても70代に見えません。

他にも、70代で卓球をしている方や60代でウィンドサーフィンを始めた方、80代で剣道をしている方もいます。

もちろんスポーツは体調によく注意して行う必要がありますが、さまざまな効用があります。身体をほどよく動かすと心身がリフレッシュするだけでなく、心がポジティブになります。心がポジティブになっているときは開放的になり、好奇心も旺盛になります。

また、一緒にやる仲間を得られることも多く、それが励みになって続けられると言う人も少なくありません。続けていけば、自分自身の腕前や技術も上達していきます。

こうした目に見える成果も、毎日に新鮮な喜びを与えてくれるはずです。

・周りの人が喜ぶことをする

先日、ある日本人の知人から、お母さんの相談を受けました。そのお母さんはこれまで専業主婦でずっと過ごしてきたそうですが、60代になって、「これからどう生きていったらいいかわからなくなった」と話しているというのです。

そのお母さんには仕事経験も特技もない、と知人は言うのですが、よく聞いてみると、毎朝必ずパンを焼いていると言います。独自のレシピもあるようです。

本人にとってはパンを焼くのは当たり前のことかもしれませんが、毎朝必ずパンを焼く人はそれほど多くないでしょう。毎朝のパン作りが日課で、作業が苦ではないというなら、きっとそれはその方が大好きなこと。そう、パッションなのです。

それなら、それで人の役に立つことを考えてみたらいいのではないでしょうか。

たとえば、パン教室を開くために特別な資格はいりません。地域の人やシニア向けの団体でパン作りを教えるとか、ブログなどでオリジナルレシピを公開するのも喜ばれます。ご近所や知り合いにパンを焼いて差し上げれば、喜ぶ人は多いでしょう。

このように、自分の得意なことで、どう周りの人の役に立てるかを考えてみると、アイデアは広がり、社会との新たな関わりが生まれます。

自分の得意なことがわからないという方は、周りに聞いてみるといいでしょう。得意なことはあっという間にできてしまうため、自分では認識できていないことも多いのです。

やりたいことがない場合、まず周りの人が喜ぶことから始めてみるのもいいでしょう。

男性は特に、今までやっていなかった家事に挑戦してみるのもお勧めです。よく退職後らしき男性が奥さんの買い物についてきている姿を見かけますが、いっそ一人で買い物に行き、家族のために料理を作ったら、奥さんはどれだけ喜んでくれるでしょうか。

料理はすぐに結果が出るため達成感もありますし、家族も助かります。レシピの本を一冊買ってきて、一日一品ずつ、全ページ制覇するまで作ってみるのもいいですよね。

家電が好きなら、家事を軽減する家電を探すとか、ブログやＳＮＳで家電のレポートをするのもいいでしょう。今なら、ユーチューバーデビューという手もありますよね。

・学びたいことを学ぶ

そして、私が日本のシニアにもっともお勧めしたいのが「新しい学び」を見つけるということ。せっかくできた時間を有効利用して、この際、学びたいと思うことをじっくり学ぶということです。

図書館に行くと、大勢のシニアで賑わっています。もちろん新聞や本、雑誌を読むのもいいと思いますが、より深い学びのためには、大学のシニア向け講座などもあります。

たとえば、以下のようなさまざまな方法があります。

①「シニア特別枠」で大学や大学院に入学する

生涯学習の重要性が指摘される今、多くの社会人が大学で学んでいます。

中でも、シニア層に向けた特別コースを設けたり、シニアの学費を軽減したり、奨学金を給付する大学もあるなど、社会人入試の中に「シニア特別枠」を取り入れる大学が増えています。「学士」を取得できるだけでなく、専門性の高い知識を学ぶことができます。

たとえば、明治大学大学院の商学研究科では、職業経験豊かな60歳以上の方を対象として、特別の入学者選抜「シニア入試」を行っています。研究計画書、小論文、面接など一定の条件を満たした方が入学対象者となり、2年間あるいは4年間、自分の興味のあるテーマを学んでいるのです。

この大学院に入学した方の体験談を拝読すると、定年後のライフプランを考えた上で退職を機に新しいことにチャレンジしたいという思いから入学を決めた方が多いようです。新しい学びはもちろん、同じように学ぶ仲間を得られることも入学の大きなメリットです。授業やゼミではシニア院生だけでなく、一般の院生や外国人留学生と一緒に学ぶため、異世代との交流や情報交換も大きな刺激になっているようです。授業で使うパソコンに苦戦しながらも、サポートデスクをうまく活用して習得していく方もいると言います。

大学や大学院に入学して学ぶため、それなりに費用はかかりますが、一般的な入試や入学と比べて費用が抑えられているところが多いようです。「シニア特別選考」や「シニア奨学金制度」など、大学や大学院によってさまざまな名称や制度があるようですから、シニアの特権として有効活用するのも一つの方法です。

②「科目等履修生制度」と「聴講生制度」で学ぶ

正規に入学しなくても、「自分の興味のある授業にだけ参加してみたい」という方にお勧めなのが、各大学や大学院で実施されている「科目等履修生制度」と「聴講生制度」です。

「科目等履修生制度」はたいてい1科目から履修でき、その科目のレポートや試験に合格すると、正規の単位を与えられる制度です。

もう一方の「聴講生制度」では正規の単位を得ることはできませんが、生涯学習の目的で、一般向けに短期の大学教育を受ける機会を拡充するために設けられた制度です。科目等履修生制度よりも低額の料金で受講できます。

どちらも半年から1年程度、大学に通って学ぶことになります。

③短期の大学や大学院に通う

さらに、多くの大学や大学院では、3か月間や半年間など、一般向けの短期講座やオープンカレッジを開いています。

その内容も、万葉集などの古典や数学、語学、経営学、哲学、世界史、日本史、文化、法律学などの学術系から、カメラや陶芸、絵画、デザイン、古典芸能などの芸術系、あるいはプログラミングやネットワーク活用術などのＩＴ系など、あらゆる分野やテーマの講座があります。

文部科学省の「開かれた大学づくりに関する調査」によると、短期大学や大学における公開講座は、２０１６年度には全国で年間約4万講座が開講され、受講生数は約１６０万人だそうです。講座数や人数は、年々、増加しています。

首都圏では、たとえば、青山学院大学の「青山アカデメイア」には、英語関連の学びや地政学、経済学、日本史などに関連した十数枠の講座があります。

また早稲田大学では「早稲田大学オープンカレッジ」として、春夏秋冬の4学期に分かれており、多様なジャンルの講座が設けられています。その数なんと年間約１９００講座。

費用はそれぞれの大学や講座によって違いますが、たいてい3か月間の１クールで数万円程度というところが多いようです。

また、大学だけでなく、高校でも短期の公開講座を行っているところがあります。

たとえば、東京の各都立学校では、都内在住・在勤の成人や子どもに向けた「都立学校公開講座」が行われていますが、その内容は、テニスや柔道などのスポーツ系もあれば、語学や数学、自然科学などの学び、民謡やオカリナ、書道などの芸術系、ボランティア養成講座など、実にさまざまです。受講時間は講座によって違いますが、それぞれ5～20時間で受講料は５００～２０００円とリーズナブルです。

まだよくわからないけれど、何となく興味があるというものがあったら、こうした公開講座で始めてみるのもいいですよね。

さらに、大学や大学院、短大、高校などでは１〜数日間の一般向けの公開講座や講演もよく行われています。無料のイベントも多いため、気軽に参加できるでしょう。

④通信制やオンラインスクールで学ぶ

また、時間がない方や遠方に住んでいて通えない方には、「通信制大学」という手もあります。教科書を使った自宅での学習や、一定期間通うスクーリングなどを通して単位を修得すれば、卒業と同時に学士の資格を取得することができる制度です。

通学しなくても、インターネットに接続できる環境さえあれば、「オンラインスクール」という方法もあります。

私自身は、学校や講座に実際に通うことで何かしら新しい発見があり、仲間が得られるメリットがあると思っていますが、通うのが大変な方や時間のない方、一人で学ぶほうが捗《はかど》るという方には、こうした制度もいいかもしれません。

⑤海外に短期留学する

今、海外に留学をする50代、60代が増えているそうです。ある60代の女性は、息子さんがイギリスに留学するため情報を集めていたのですが、その情報を一緒に見ているうち、彼女自身が若い頃に抱いていた留学熱が再燃してきたそうです。実は10代の頃に留学したかったものの、時間や費用の関係で諦めた経緯がありました。結局、息子さんは留学できなくなったのですが、彼女自身が1か月間、イギリスに語学留学したそうです。

現地では若い友達と一緒にスターバックスで宿題をしたのが新鮮だった、と嬉しそうに語っていました。彼女は、帰国後も語学の勉強を続けているそうです。

「海外旅行に行っても困らないように、英語を習いたい」「子育てが落ち着いたから」「日本に来る外国人をきちんと英語で案内したい」「将来、海外に移住したい」など、さまざまな理由で留学するシニアたち。素晴らしい行動力だと思いませんか?

また、多くの自治体でも頻繁に講演やセミナーなどが行われています。

私の父も、週に一度ずつ、自治体が開催する陶芸教室と歴史研究会に通っています。陶芸教室には仲間もいて、陶芸展への出展という目標に向けて楽しみながらがんばっているようです。歴史研究会でも、仲間と集まって歴史のゆかりのある場所をめぐり歩いています。こうした目標や仲間は、続けていくモチベーションになります。

まずは、手軽に行けるオープンカレッジや公開講座を利用して、好奇心を刺激するところから始めてみるといいでしょう。そこから好きなこと、興味を持てるものを探していきます。少しずつ行動することで、パッションの芽を育てていくことが大事です。

そうした場に行けば、年代の違う友人も見つけられるかもしれません。

知人は63歳でライター養成講座に通ってライターの勉強を始めましたが、講座が終わった後も年下世代の人たちとＳＮＳでつながっており、投稿し合っているそうです。

このように、学ぶ楽しみや知る喜びは、新しい世界を広げていきます。

退職した人には、「自分の知識を後の世代の人につなげていく」という使命があると思います。一方で、「他の世代から学ぶ」という気持ちも大切なのではないでしょうか。

なぜなら、歳をとると何でも経験しきったような気になりますが、実はまだまだ知らないことがたくさんあるからです。学びは大きな喜びになり、やがてパッションや生きがいにつながっていきます。自分が知らないことを知ることで、人生は大きく広がっていくのです。「好奇心と一生学ぶ姿勢」が大切だと、第1章で紹介したダレンも言っていましたが、パッションを見つけるためにこの二つは最重要。新たなことを学ぶためには、この二つのものが不可欠なのです。

ぜひ、自分にはまだまだ知らないことがあるという事実を受け入れて、新たに「知る楽しみ」を見つけてほしいと思います。

そのためには、まずは一日一つ、今日初めて知ったということをノートに書くのもお勧めです。

私が「知る楽しみ」のために実践していることは、ベストセラーは必ず読む、ニュースサイトは必ず目を通す、話題のランキングをチェックする、などです。今、世の中でどんなことが話題になっているかに敏感になることで、好奇心や興味も広がっていきます。

ステップ2　若い友人を作る

自分から情報を得るだけでなく、人間関係も重要です。

自分ではいつまでも若いつもりでいても、歳をとれば、知らず知らずのうちに自分の感覚も古くなっていることがあります。今の時代がどれだけ変化しているかを認識するためにも、私は常に自分より若い世代の友人や知人を持つことが大事だと思っています。

私は、ギャラリーを経営していたときには毎年インターンシップの大学生を採用していました。インターンは、アルバイトというより若い世代の就業経験のための制度ですから、雇う側も気を使います。むしろ手がかかることもあるのですが、私自身の感覚が古くならないように、毎年、学生にインターンとして入ってもらっていたのです。

結果的には、ＳＮＳなどの新しいテクノロジーや文化について教えてもらったり、ウェブサイトを格安で作ってくれる人を紹介してもらったりするなど、彼らが得意なことを教えてもらうことで、私自身もとても助かりました。

まさに「今」を享受して生きている若い人は、「これから迎える新時代をどう生きていくのか」を教えてくれる先輩ともいえるのではないでしょうか。常に若い人とも付き合うことで、自分自身の感性を若く保つのです。

最近シニア用のアプリ開発にパッションを見出した夫はご近所のジョージタウン大学に通って学生から様々なことを教えてもらっています。アプリに欠かせない知識やＮＧなことなど、若い人にとって当然の知識でもシニア世代には目から鱗なことが多いようです。

知り合いには、かつて大手企業の役員をしていて、退職後は複数のベンチャー企業のコーチ役をしている方がいます。ベンチャーの若き経営者たちは、ＩＴやテクノロジーの技術には詳しくても、企業経営の基本的なノウハウやマネジメントの知識はありません。彼は、そうしたビジネスの基本を若い世代に教える一方で、若い世代から、ＳＮＳのコミュニケーションツールやマーケティング手法など、最新テクノロジーの基礎知識を教えてもらっているそうです。

また、私は普段から、自分の感覚が古くならないよう、あえて若い人が観にいくような映画を率先して観にいくようにしています。

先日も、日本の若手俳優がたくさん出ている映画を観に行ったのですが、館内は20代の若い女の子ばかり。どう見たって私が最高齢です。でも、とっても楽しんできました！

自分の年代に合ったものだけを観ていたら、感性もどんどん老化していきます。

ときには若い人向けの映画も観て、どんなものが流行っているのか、なぜこれが流行っているのか自分の目でチェックすることも大事ですよ。若い人向けの映画、お勧めです！

ステップ3　自分の好きなことで、できる範囲で仕事を始める

次のステップ3は、無理せずできる範囲で仕事を始めるということ、また、退職した後も、好きなことで何かしらの形で社会の役に立つことを目指すということです。

もちろん、本人が願うなら定年前の会社での再雇用制度で働くのもいいと思いますが、たいていは現役時より賃金が下がりますし、雇用形態や待遇が変わることもあります。もしもそこで肩身の狭い思いをしたり、不満を感じたりするなら、この際、心から自分の好きなことを仕事にしてみてはどうでしょうか。

たとえば、以前お話を伺った保育園では、他の仕事を退職した後に、保育士のサポート

をする保育補助の仕事を始めたという70代の女性がいました。それまでのキャリアとはまったく違う仕事だったそうですが、その方は子どもが大好きだったので資格のいらない保育補助の仕事を選んだところ、子どもたちに囲まれて毎日がとても楽しいとおっしゃっていました。

小学生の学童クラブでスタッフとして働いている70代の女性もいらっしゃいました。

また、子どもに勉強を教える講師にシニアを募集している塾もあります。若い頃の家庭教師のアルバイト経験や、我が子の受験を支えた経験などが役に立つかもしれませんね。

もし、いきなり就職するのが難しいと感じたら、知り合いや近所の子どもの宿題をみてあげることから始めてもいいのではないでしょうか。ちなみに、70歳で塾経営から引退した母は、80歳の今も、若い頃からのパッションだった日本舞踊を教えています。日本の伝統文化を若い世代に伝えられることに喜びを感じると言っています。ある日実家を訪ねて、家の前に突然「日本舞踊教室」の看板が出ていてびっくりしました。

ステップ４　パッションを社会貢献に結びつける

次のステップは、自分の好きなことを仕事に結びつけるだけではなく、それを社会にどう役立てられるか、社会に還元できるかを考えることです。

前述したように、仕事は有償のものだけではありません。ボランティアも非営利活動もあります。自分の好きなことで、そうした活動を始めてみるのもいいでしょう。

たとえば、私がアメリカに移住した当時からの友人ジュリ（仮名）は、62歳にして人生を大きく変えました。

それまでコンサルタントとしてプロフェッショナルなキャリアを築いてきた彼女が転職を考えていると言ったとき、私はてっきり同じ業界でステップアップできる仕事を探しているのだと思っていました。

でも話を聞いて、びっくり仰天。彫刻を中心とした定期的な展覧会を2年に一度開催するための団体を立ち上げる、しかもボランティアでやるというのです。

ジュリは確かにアートが大好きで、よく一緒に展覧会にも出かけていましたが、それまでのキャリアとはまったく関係のない仕事です。しかも、一緒に始めるパートナー二人はともに70代半ばです。

「私も、まさか自分がアートで団体を作るとは思っていなかったわ。でも、このアイデアを耳にしたとき、何だかやってみたくなったのよね」と楽しそうに語っていたジュリ。彼らはそれぞれの好きなことや得意分野を使って仕事を分担し、15か月間かけて、設立から最初の展覧会の開催までこぎつけたと言います。

ジュリは現在も時々コンサルティングの仕事をして少しの稼ぎを得ながら、この展覧会のボランティアの仕事を続けています。

でも、一般的に考えれば、普通に転職した方が経済的に楽なはずです。どんなに働いても金銭的報酬はありませんし、昇進だってしないのですから。そこで私が「あなたはこのボランティアで何を得ているの？」と聞くと、彼女は目を輝かせながらこう答えました。

「最高の幸せよ。地域のコミュニティの皆が展覧会を楽しんでくれて、次の開催を待ち遠しく思ってくれる。世界中の人たちがこの展覧会を訪れてくれる。いろんな人との間に会話が生まれ、これまでつながりのなかった人との出会いが生まれる。そして、アートのすばらしさを多くの人に伝えることができる。これほどすばらしいことはないわ！」

彼女の目的は、参加費無料にして多くの人に参加してもらうことで、地域の人々がアートに親しむ機会を作るということ。それによって地域を活性化する目的もあるそうです。

これまでパッションを感じたことがない仕事をずっと続けてきたジュリは、60歳を超えてから、収入にはならないけれど人生の喜びを与えてくれる仕事に出会ったのです。

「この仕事に出会えたのは、とっても幸せなこと」、そう言ってジュリは笑います。

人生の喜びはお金で買えません。そして人生の醍醐味は、他の人や社会と関わっていくということ。衣食住が足りて生活に困らなければそれで満足、ということはないのです。

でも、アートの仕事の経験がなかった彼女たちにとって、彫刻の展覧会を実行するのは非常に大変なことでした。事業をスタートさせた頃はごく小さな集まりで、私もどうなることかと思いましたが、彼らは焦らずに、少しずつ規模を大きくしていきました。

そして今年で11年目を迎えた活動は、地域に貢献したことを評価され、ワシントンＤＣの市長から「Mayor's Award（市長賞）」を受けるまでに成長したのです。


また、アメリカの病院では、高校生から高齢者までの幅広い年代の人がボランティアとして活動しています。特に小児病棟には、いつも読み聞かせのボランティアがいます。入院している子どもに親が常に付き添えるわけではありませんから、子どもたちが寂しい思いをしないようにという配慮からです。

あまり知られていないようですが、日本の病院でもボランティアを募集しています。病院ボランティアのサイト「ミックスアップ」によれば、たとえば東京都には２００床以上の医療機関が１９０施設ありますが、そのうち約半分の99施設で病院ボランティアの活動を行っているそうです。

その内容は、外来患者さんの受付サポートや車椅子の介助、入院患者さんの散歩や買い物の付き添い、小児病棟での子どもたちの遊び相手や話し相手、子どもの院内学級への送迎、患者さんのための図書室で貸し出し業務、院内コンサートなどのイベント運営など、多岐にわたります。また、入院患者さんの家族向けのサポートを行っている人もいます。我が家のお向かいのシニアの女性は、愛犬を病院の患者さんの心を落ちつけたりなぐさめたりするために役立てる「セラピードッグ」に育て上げ、毎日病院に通っています。ちなみに退職する前の彼女の仕事はある大手企業の顧問弁護士でした。大の愛犬家で、いつか愛犬と一緒に何かしてみたいと思っていたそうで、弁護士の仕事は、プロボノと呼ばれる、無償での法律相談ボランティアとしての活動のみに制限しているそうです。

自分の特技や好きなことを活かしてできることがあるかもしれませんから、興味がある方は、まずはお近くの病院に問い合わせて、実際に体験してみるといいでしょう。

このように、60代以降でもいきいきと働いている人たちの話を伺っていると、彼らが目先のお金やプライドにはこだわっていないということに気づきます。

それよりも、周りの人が喜ぶことや頼まれたことに対応していくうちに、仕事として徐々に広がっていったというケースが多いようです。

もしもできるなら、会社に勤めているときから自分の得意分野や好きなことを活かして、少しずつボランティアや社会貢献活動に参画していくのもいいでしょう。

会社と家の往復をしているだけでは、興味や好奇心の幅も狭くなってしまいます。新しい活動や人間関係から、世界が広がっていくのです。

シニアの持つアドバンテージは、時間があり、経験があるということ。そして今のシニアは何といっても若い！　そして健康です。そうしたことを活かして、ご自分の周囲で、何か新しいことを始めてみてもいいのではないでしょうか。

今、特に求められているのは、子どもに関する仕事ではないでしょうか。

たとえば、第1章でも触れたように、子どもを習いごとに通わせたくても送迎する人がいないためにできないご家庭も多いようです。こうした子どもの習いごとの送迎サービスや、子どもの宿題を見てあげるサービスなどにも今は大きな需要があり、たくさんの事業が生まれています。我が家でも、娘が赤ちゃんの頃はシニア世代のベビーシッターさんをお願いしていました。

子どもをめぐる犯罪が頻発する時代ですから、ホームページなどでご自分の身元をはっきりアピールしておけば、地域の親御さんたちも安心して頼むことができます。また、地域のコミュニティに参加して、必要な人がいれば手を挙げてみるのもいいでしょう。

また、子どもたちが安心して登下校できるように見守る「子ども見守り隊」や「スクールガード」などの活動も最近、活発化しています。参加者は、腕章など隊員として判別できるものを身につけて、通学路や脇道などをパトロールし、子どもたちが犯罪に巻き込まれるのを防ぐための活動を行っています。自治体で募集しているところも多いので、興味のある方は問い合わせてみてください。

ペットブームの今、毎日行かなくてはいけないペットのお散歩も、時間があるシニアにはぴったりですよね。近隣地域でのペットお散歩サービスも需要がありそうです。

このように「時間」を活かす仕事もあれば、長年の「経験」を活かす方法もあります。

主婦として家族の料理を作ってきた方なら、近所の若い主婦たちに、煮物や炒め物などの作り方や時短のコツを教える料理教室を開くのもいいかもしれません。

元ビジネスパーソンであれば、先ほど触れたような、ビジネスの基礎やマネジメントの基礎を教えるコーチングの仕事もいいでしょう。

さらに、子どもたちや若い世代に向けた「夢のお手伝いサービス」もできるかもしれません。これまでの人脈を活かして、若い世代にさまざまな職業や学び方について教えるサービスです。営業の仕事とはどういうものか、カメラマンになるにはどんな勉強が必要か、海外で働くためにはどうしたらいいかなど、若い人たちの相談に乗るのです。

「日本の未来を育てるボランティア」として若い世代のお手伝いをするのも、人生の先輩の役目ではないでしょうか。そんな先輩方は最高に素敵なシニアだなあ、と感じます。

「誰もが50歳になれるわけじゃない」

これまで本や講演を通して繰り返しお伝えしてきたことですが、仕事の目的は報酬を得ることだけではありません。仕事とは誰かの役に立つものであり、社会を良くするものです。何より自分と社会とをつなぎ、大きな生きがいを与えてくれるものでもあるのです。

会社勤めをしていたときや仕事をしていたとき、子育てをしていたときなどには、周囲の人たちに助けられたこともあるでしょう。退職した今、子育てを終えた今こそ、社会や地域に還元するときではないでしょうか。

退職後は生産性や効率だけで物事を捉えるのをやめて、より大きな価値観で人生を捉えることが大事なのだと思います。

でも、生活のためには「好きな仕事」「役に立つ仕事」なんて言っていられないという方もいらっしゃるかもしれません。

確かに、誰にとってもお金は大事です。お金がなければ生きていくことができません。年金だってこれからどうなるかわからないし、人生には何が起こるかわからないのだから、お金は何より大切。そうおっしゃる方もいるでしょう。

でも、もしも手元に2000万円あったら、どうでしょうか？　あなたは「それで十分。不安は何もない」と言い切れますか？

もしもそう言い切れないとしたら、その不安はどこからやってくるのでしょうか？

コーチングでは、クライアントと「未来の不安」について話すとき、こんな例え話を使うことがあります。ちょっと想像してみてください。

あなたは今、洞穴の中にいます。洞穴の中は暗く、食べ物もありません。

しかし、洞穴の近くにはライオンが住むジャングルがあります。洞穴の外に出たら、ライオンに襲われてしまうかもしれません。

さて、あなたはどうしますか？

食べ物を求めて、洞穴から出ますか？

それとも、洞穴に籠ったままですか？

洞穴の外に出れば、ライオンに襲われる可能性があります。でも、洞穴に籠っていても、襲われない保証はどこにもないのです。そして、いつかは飢えて死んでしまいます。

老後が不安だと悩んでいる状態は、自分の目でライオンを見たわけでもないのに、ライオンの存在を怖がって洞穴に籠ったままでいるのと同じなのではないでしょうか。

洞穴の外には、あなたの知らない世界が広がっています。食べ物だってあるかもしれません。少しずつ辺りの様子を窺いながら、ライオンに食べられない道を探せばいいのではないでしょうか。

退職後の生活も同じです。お金が不安なら、少しずつ稼ぐ手段を考えればいいのです。今の60代以降には、元気いっぱいな方が多いですよね。経験がないというなら、まずは行動してみましょう。10年間かければ、じっくり何かに取り組むこともできるはずです。

今こそ、過去にしがみついていないで行動してみることが大事です。

老後の「孤独」を恐れている方も、いらっしゃるかもしれません。でも、ある人は「孤独は怠惰から生まれる」と言いました。孤独を感じている人は、自分から行動せず、何もしようとしないために孤独に陥るというのです。

とても厳しい言葉ですが、一理あるのではないでしょうか?

もしも孤独を避けたいなら自分から動き出し、外に出かけ、新しい趣味を始め、誰かを手伝えばいいのです。そうすれば自ずと孤独ではなくなります。まず行動することです。

以前、こんな言葉が書かれた紙が娘の学校の教室に貼ってあって驚いたことがあります。

《誰もが50歳になれるわけじゃない》

そんな言葉が４、５歳児の教室に貼ってあったのです。でも、確かにそうですよね。年齢を重ねられたのも、定年まで生きられたのも、当たり前のことではありません。考えてみればとても幸運なこと。その言葉を見て以来、私は歳をとることを心から楽しむようになりました。

誰もが50歳まで生きられるわけではありません。誰もが70歳になれるわけではないのです。

だからこそ、この一瞬を大切に生きなければいけない。

だからこそ、生きている幸運を享受しなければいけないのです。

今からでも決して遅くはありません。

パッションを持って、あなただけの人生を生きる時がやって来たのです。

第5章

実践編1
「パッション」の見つけ方

“Your passion is waiting for your courage to catch up.”

Isabelle Lafleche

あなたのパッションは、あなたの勇気が追いつくのを待っています。

イザベル・ラフレッチェ（作家）

自分の直感が教えてくれるもの

これまでたくさんの方の例を挙げながら、あらゆる年代にとっていかにパッションが大切かについて述べてきました。

本章では実践編として、まずパッションを見つける方法について、お話ししましょう。

あなたのパッションは何でしょうか？

それを最初からわかっている人は、実は多くありません。たいていの人が、自分のやりたいことや情熱を傾けられるものがわからないまま、長い人生を過ごしています。

でも、パッションを見つけたいなら、自分が心からやりたいと思うことに素直に耳を傾けることが大事です。

つまり、自分の「直感」を信じるということ。こんなふうに言うと、何だか神がかり的で、何の根拠もない運任せのように聞こえるかもしれません。

でも、多くの方の取材を通して、私は一つ確信したことがあります。それは、パッションを見つけるためには、自分の声を信じることが最も大切だということです。

自分の声というのは、心の底から湧き上がってくるような気持ち。「こうしたい」「これが好き」、そんな純粋な気持ちです。直感というのは運任せではなく、自分自身ですでにわかっていることなのです。

でも、そんな気持ちが湧き上がってきたとき、往々にして私たちが最初にしてしまうのは、それを打ち消すということ。「どうせ無理に決まっている」「役に立たない」「難しい」「バカバカしい」「周りの人の意向に沿わない」「失敗しそう」「もしダメだったら？」……世間の常識や固定概念、思い込みなどから出てくるマイナスの言葉によって、私たちは自分の声を殺してしまうのです。

先日、娘が面白いことを言っていました。

「私はこれまでに何度も間違った選択をしたことがある。でも、そういうときはいつだって自分が最初に『これだ！』と思った自分の声を無視したときだったの。やっぱりこっちの方が安全だとか、妥当だろうと思って選んだ結果、いつも不満を感じることになった。そうして、やっぱりあのとき最初に聞こえてきた自分の声に従うべきだったと痛感したの。私は、自分を信じて自分の気持ちに正直になることを学んでいるわ」

娘はまさに「Learn hard way」（身をもって知る）によって、失敗を重ねながら自分の生きる道を探し続けているのです。「自分という人間が心から思うこと」を信じることは、生きていく上でとても大切なスキルです。

自分の声を信じるというのは、自分の純粋な気持ちに耳を傾け、「自分ならできる」と信じることです。なぜなら、そこには真実が隠されているから。

パッションの芽は、キャベツの芯に似ています。このキャベツのたとえ話はよく講演でも使うのですが、人は成長して経験や知恵をつけていくうち、思い込みや固定概念もまた身に付けていきます。キャベツの芯がたくさんの葉に覆われているように、人の心はたくさんの思い込みや固定概念で覆われています。

「○○をしたい」と思うと同時に、「どうせ無理に決まっている」「役に立たない」「難しい」と思ったとしたら、その葉っぱを一枚ずつ剥がしていって、真ん中にある自分自身の思いを見つけてあげることです。なぜ無理だと思うのか、なぜ役に立たないと思うのか、なぜ難しいと思うのか一枚ずつ剥がしていき、自分は本当に何がしたいのかというパッションの芽を見つけてあげることです。

自分自身の声を無視するからこそ、私たちは、本当に自分のやりたいことにたどり着くまでに大きな遠回りをしてしまうのです。

小さな芽を見つけたら、そのときこそ、静かに耳を傾けるチャンスなのです。

パッションを見つける2つのマインドセット

では、自分自身の声に耳を傾け、パッションを見つけるために、具体的にどうしたらいいのでしょうか？　まずは、以下の2つのマインドセットが鍵になります。

①失敗する勇気を持つ

第1章で触れたように、パッションを模索している友人ミシュリンは50歳にして初めて「自分のパッションは何だろう？」と考えることになりました。人生の後半こそ、自分の思いを尊重して自分の好きなことをして生きていきたいと思ったからです。

そこで、彼女は勇気を持って少しでも興味を持ったものは何でも試しているそうです。

自分のやりたいことがわからないからこそ、まずは「試してみること」が大事です。その際に大切なのは、失敗を恐れない勇気を持つことです。

パッションはすぐに見つからない可能性もあります。いえ、自分自身のパッションを見つけ出すまでは、トライ&エラーを繰り返すことになるでしょう。

探し続けるということは、失敗も続くということ。でも、それは失敗とは言えません。「これも違った」「また違った」と思ったときにも、自分を責めるのではなく、試した勇気を褒めましょう。

大切なのは、失敗しても続けるという覚悟を持ち、果敢に挑戦し続けることです。

②常にオープンマインドで自由に考える

「オープンマインド」とは、「〜すべき」といった義務感や固定概念、思い込みなどに囚われず、より自由に、より広い心で考えるということです。キャベツの葉っぱをめくって自分の芯を見つけるためには、思考の偏りを避け、自分をニュートラルに保つこと。

私自身も、過去には「分不相応だから、私には無理」と自分に言い聞かせて夢を諦めていたこともありました。でも〝分〟なんて、いったい誰が決めたのでしょうか?

お金がなかったら、きちんと計画を立てて資金を作ればいいのです。人脈がなければ、自分で開拓すればいいのです。

クロスカントリースキーもそうでした。自分自身で「運動神経が悪い私には無理」と決めつけていたのですが、家族と一緒にやってみたくて試したら、楽しむことができました。

誰しも人は色眼鏡をかけて物事を見ています。こと自分については一番よくわかっているつもりで、実際にはそうではないかもしれません。何事も決めつけず、興味を持ったものはまず試してみるとか、誰かと一緒に始めてみるのもいいのではないでしょうか。

第４章でご紹介した彫刻の展覧会をしているジュリは、ボランティアをしていて一番楽しいのは、「新しいこと、知らないことを知ることによって、人生がどんどん広がっていくこと」だと話しています。新しいことへの好奇心、そして「楽しい」という気持ちが、何より大切なのです。パッションを見つけるためには、オープンマインドでいろいろなことに興味を持ち、試すことです。

それでは、さっそくパッションを見つけるための実践的な作業に移りましょう。

見つけ方の手順

１　自問して書き出す

2　行動する
3　フィードバックする
4　見つかるまで、これらの作業を繰り返す

1　自問して書き出す

最初にするのは、自分の声を聞き、ノートに書き出していくという作業です。

まず一冊、どんなノートでも構いません。「パッションノート」を用意してください。

パッションを実現させるためには、頭の中で考えているだけでなく、目に見える形で書き出して「見える化」することが大事です。書き出さなければ、何事も始められません。

また、パソコンやスマホではなく、ノートを用意しましょう。実際に自分の文字で紙に書き出すことが重要なのです。手書きで、大きく書いたり、強調したり、クロスしたり、消したりといった文字の形跡に、書いたときの感情や思考のプロセスが現れます。試行錯誤の形が残っていれば、後からもその思いを確認することができます。

そして、以下の質問を自分に問いかけてみましょう。

自分の声を聞くコツはあまり考えないこと。考えれば考えるほど「見栄えのいい答え」「こうあるべき答え」を作り出してしまいます。心にパッと浮かんだことをどんどん書き

出していきましょう。

❶パッション探しに、もっとも効果的な質問

・もしも絶対に失敗しないとしたら、何をしたいですか？
・お金の心配をしなくていいとしたら、今、何をしたいですか？
・「この一つが叶ったら、後は全部ダメでもいい」と思うことは何ですか？
・ずっとやってみたいと思っていたことは何ですか？
・子どもの頃に興味を持ったこと、やりたかったことは何ですか？

第3章でも少し触れましたが、こうした質問はコーチングでよく使われるものです。こういう質問にパッと出てくる答えは、自分の本当の声と言ってもいいと思います。

それぞれについて自由に考え、一行ずつでいいので、思うことを書いてみてください。

たとえば、私が子どもの頃に興味を持ったのは「本を書くこと」でした。小学6年生のときの文集には将来の夢を「作家」と書いています。実際、その文集の取りまとめや編集もしていました。

長い時間がかかりましたが、その夢は今、形になっています。やはり私が心からやりた

いことだったのです。

❷「したいこと」に焦点を当てる

・あなたはどんな仕事をしたいですか？
・あなたが好きなことは何ですか？
・あなたが、「これなら人に負けない」と思うことは何ですか？
・「これなら人に教えられる」ということは何ですか？

これらの質問も、コーチングではよく使われます。

普段、人は「やらねばいけないこと」や「やった方がいいと思われるもの」に追われて、「自分が好きなこと」「したいこと」に注意を向ける機会はそう多くありません。

この機会に、自分が好きなことについてじっくり考えてみましょう。

❸自分を助けてくれる効果的な質問

・あなたが羨ましいと思うのは、どんな人ですか？　ずるいと思う人はいますか？
・周りから見ると大変そうに見えても、自分では努力している感覚がないものはありますか？

これらは、❶や❷以上に、パッションを見つける手がかりとなる質問です。

あなたには、羨ましいと思う人や、ついやきもちをやいてしまう人はいませんか？　もしいるとしたら、その人はあなたにとって重要な人物です。なぜならその人は、あなた自身がやりたいと思っていることを実現し、生きたいと思っている人生を生きている可能性が高いから。自分のなりたい姿を体現している人だからこそ、やきもちの感情を抱くのです。

日本で働いていた頃の私が密かに羨ましいと思っていたのは、いつも楽しそうに仕事をしているアナウンサーの女性と広告代理店でバリバリ働いているエリートの女性でした。

それは、お給料が高そうとか、いい会社で働いているとか、見栄えがいいといったことではなく、彼女たちが自分のやりたい仕事をして、しかもきちんと稼いでいることが羨ましかったのです。彼女たちのプロフェッショナルな姿にやきもちをやいていたのです。

当時は、自分自身のそうした感情を素直に認めることができずに彼女たちを避けてしまいましたが、考えてみれば、それは私にとってチャンスでもありました。そういう対象がいたら、なぜ自分はその人に嫉妬しているのかをよく考えてみるといいでしょう。すると、自分はそういう生き方がしたいのだと気づくきっかけになります。

いえ、当時の私も、本当はわかっていたけれど、それを認めたくなかったのです。

この質問の答えを書き出すのが重要なのは、それを一度書いたら、自分でも認めざるを得ないから。自分はこの人に嫉妬している、なぜなら本当はこう生きたいからだ、と認めないわけにいかないからです。

嫉妬を感じるのは、相手の生き方に対してかもしれませんし、職種に対してかもしれません。とにかく「悔しい」と思うものは相手の何なのか、しっかり自分と向き合って対話してみることです。もちろん人と比較してむやみに自分を卑下することはありませんが、もし誰かのことを妬ましいとか羨ましいと思うのなら、なぜ自分がそう思うのか一度客観的に考えてみるべきではないでしょうか。

自分の中の嫉妬や羨望の感情を認めるのは、辛いことです。

でも、悪いことばかりではありません。パッションの芽を大きく育ててくれるのですから。前にも触れましたが、ワシントンDCに初めて現代美術のギャラリーができたとき、すごいと思うより先に、私は「悔しい」と思いました。その悔しさが、その後の私の行動を後押ししてくれることになったのです。

また、周囲から見ると大変そうに見えても、自分では努力している感覚がないということってありませんか？　もしもあるなら、それはきっとあなたのパッションです。

私は本を執筆してから、母にこう言われたことがあります。「本を読んで初めてわかったけど、ギャラリーの仕事って本当に大変だったのね。大変だと言っているのは一度も聞いたことがないから知らなかった」

でも、そう言われてみれば、ギャラリーの仕事は確かに大変だったけれど、楽しかった記憶や充実感の方が大きくて、辛いという感覚もなければ、努力しているという感覚もありませんでした。

それはきっと、塾を経営していた母も同じだったと思います。睡眠時間を削って勉強や仕事に打ち込んでいた母も、その時間を辛いとは思わなかったはずです。

また、私はアートコンサルタントの仕事をしているときに、アメリカの美術館から日本へのアートツアーのプランニングとツアーコンダクターの仕事を頼まれたことがあります。細かいスケジュールを考えたり、訪問場所との折衝を行ったりするなど、初めてやるには大変な仕事でしたが、実はまったく苦になりませんでした。こういう細かい作業やプランニングは私に向いていると思うほどでした。

あなたが得意なことは何でしょう？　何をしているときに没頭できますか？

得意なことは自分では当たり前にできてしまうことですから、すぐに思い当たらないことも多いかもしれません。周りの人に、あなたの得意なことについて尋ねてみるのもいいでしょう。

❹「やってみたいこと」をリストアップする

・さて、あなたがやってみたいことは何ですか？
最低10個、できれば20個、ノートに書き出してください。

今、思いつく限りの「やりたいこと」を書き出してみてください。

どんな方でも5個くらいは考えつくでしょう。でも、それ以上は想像力を働かさないと、なかなか出てきません。想像力を働かせることの何がいいかというと、自分でも思いもかけなかった答えが出てくるということです。もしかしたら、その中に答えがあるかもしれません。選択肢を広げる意味でも、最低10個は考えましょう。

コーチングではブレインストーミングを重要視しています。何でもいいから、とにかく口に出して書き出すこと。一見、馬鹿げたアイデアの中に、実は本当にやってみたかったものが出てくることもあります。「一人ブレスト」で書き出してみましょう。

書き出した後は、やってみたい順からそれらを並べてみます。
そして「トップ10」を決めてください。

❺「やりたくないこと」を書き出す

・あなたが「これだけはやりたくない」と思うことは何ですか？
・その理由は何ですか？
・では、「これならやってもいい」と思えることは何ですか？　思いつく限り書き出してください（最低20個）。

❹までやっても、やりたいことが見つからないときの逆説的な方法は、自分の嫌いなことを書き出すということです。
自分が絶対にやりたくないと思うのはどんなことですか？　その理由はどんなことでしょう。では、その中から「これならやってもいいかな」と思えることは何かを考えてみてください。

そして出てきたものを、やってみたい順から並べて「トップ10」を決めます。

このようにして、たくさんの「やりたいことリスト」を作っていきます。
❹や❺の作業では、どんなことでも、馬鹿げたことだとか意味のないことと思わずに、初心に戻る気持ちが大切です。
あなたが今の生活に満足していないとしたら、今までの方法がうまくいっていなかったということです。では、今までにやっていないことは何でしょうか?

それは「人生の初心者に戻る」ということです。「無理に決まっている」とか「難しそう」という思い込みは一旦捨て、純粋に自分が「何をやりたいか」を考え、ゼロからスタートすることです。

2 行動する

さて、やりたいことをリストアップした後は、行動あるのみです。

前にも書きましたが、この際には「何事もやってみなければわからない」「失敗したらまたトライすればいい」という勇気あるマインドセットが必要です。

繰り返しますが、大切なのは人生の初心者に戻る勇気だけ。

私はアートギャラリーの仕事をしていくうち、幸いにも美術の世界では名刺なしでも渡っていけるまでになりました。でも、そんな私もライフコーチになった途端、名刺を持っていても「あなた、誰？」と言われることの連続でした。50歳で「あなた、誰？」からの出発です。

でも、初心者に戻れるというのは、ある意味で贅沢なことです。そこにはまだ知らない世界が広がっているのですから。

そして、頭の中で考えているだけの状態は止まっているのと同じです。自分の興味のあることがはっきりとはわからないとしても、やってみてもいいと思ったことがあるなら、一つずつ試していくことが大事です。

その際に大切なのは、あらかじめ「やめる時期」も決めておくということです。

第1章でも触れましたが、一旦決めた期間は真摯に取り組む気持ちが大切です。

たとえば定年退職してからオープンカレッジに通う場合なども、1タームの3か月間は何があってもとりあえず通うなど、期間を最初に決めておきましょう。期待していたものと違って結果的にやめるにしても、当初の目的を達成すれば「やり遂げた感」と一緒にやめられます。

自己肯定感は非認知能力の中でも重要な要素ですが、すぐにやめてしまう自分に対しては高い自己肯定感を持つことができなくなります。そのため、物事はある程度「やり通す」ことが大事。大人でも子どもでも、それは同じです。

私も、アートの仕事はやめましたが、そのことに対する罪悪感も、やり残したという後悔もまったくありません。「ここまで行ったらやめる」という目安を自分の中で決めていて、それを達成していたからです。

本当に嫌なことはすぐにわかるかもしれませんが、ある程度続けてみないと、好きか嫌いかわからないことも多いですよね。自分に向いているか向いていないか、これ以上掘り下げたいかどうかは、しばらく続けてみてから決めてもいいのではないでしょうか。何しろ人生100年時代。時間だけはたっぷりありますから、あわてなくてもいいのです。

3 フィードバックする

自分の本当のパッションを見つけるためには、「絶対にこの中から見つけなくてはいけない」という凝り固まったマインドではなく、「ダメだったら、また探せばいい」というフレキシブルな気持ちで、いろいろ試してみることが必要です。

また、その際には「楽しい」と思うかどうかが重要です。「楽しい」と思えるかどうかを、自分の中でフィードバック（振り返り）していきます。

私は大学院に通ってアートの博士号を取ろうかと考えたこともあれば、数学は大の苦手なのに、当時のトレンドでMBAの取得を考えた時期もあります。アカデミックなことも、経営学もがんばって好きになろうとしましたが、結局、できませんでした。

やはり自分自身で決めた期間はやってみた上で、楽しくないと思ったものは迷わず撤退するという勇気が必要でしょう。「せっかくここまでやったのに」という気持ちに惑わされることもあるかもしれませんが、やはり楽しいと思えないことは続けられません。

娘のバレエのレッスンを見ていて、私がいつも感じていたのは、「こんなに同じことを何時間も繰り返すなんて、よっぽど好きに違いない」ということでした。それほど好きでなければ、「なぜまた同じことを繰り返すんだろう?」とうんざりするはずです。

やっていて楽しいと感じるかどうか。それはパッションの大きな鍵になります。無理かもしれないと思うことも楽しいと思えば挑戦できますし、没頭できるのです。楽しいと思えばこそ、途中で失敗しても乗り越えられるのです。

一般的には、「人は、辛いことを乗り越えてこそ成長する」と思っている人も多いようですが、本当は、「楽しいことをやるからこそ、成長する」のではないでしょうか?

辛く苦しいことばかりやっていたら、自己肯定感も下がってしまいます。

他の人に対しても、「自分が苦労したのだから、あなたも苦労して当たり前」という厳しい姿勢になってしまうこともあるでしょう。

人生には、乗り越えなければいけないことや、辛いことがたくさんあります。育児や介護をしていれば、辛い思いをすることも多いかもしれません。だからこそ、自分の人生では楽しいと思うことを基準に選ぶという選択肢も重要です。やらなければいけないことはたくさんあるけれど、自分の人生では「やらなければいけないこと」ではなく、「やりたいこと」を優先すべきです。すべてが苦行になってしまったら、私たちはいったい何のために生きているのかわかりません。

もしも、今のパッションが自分に合わなくなったときにも、パッションの見つけ方を知っておけば、それに固執しすぎず、次のパッションに移っていくことができるでしょう。その際に役立つのは、「今の自分は、誰かのために何ができるだろう？」という新たなフィードバックです。常にそう問い続けることで、新しいパッションも育っていくのです。

4　見つかるまで、これらの作業を繰り返す

まずは「やりたいことリストトップ10」を上から一つずつ、トライしてみること。そして、それがパッションではないと思ったら、また同じ作業を繰り返して探し続けることが大事です。

そのように果敢に行動するあなたの心は、ポジティブに、そしてオープンになっていきます。そんなときは、いろいろな可能性やチャンスを見落とさないはずです。

その一つに「偶然の出会い」があります。

私がライフコーチに興味を持ったのも、実はまったくの偶然からでした。たまたま心がオープンになっていて、自分自身の助けが必要なときだったからこそ、私はその偶然の出会いを見逃さなかったのです。

その偶然の出会いを見つけるのに欠かせないのが、自分の世界を広げようとする好奇心と行動力です。さらに、「失敗してもいいから、まずやってみよう」というオープンマインドです。

アップルの創業者スティーブ・ジョブズも、好きなことがないなら探し続けることが大切だと語っています。有名になった感動的なスタンフォード大学卒業式のスピーチで、彼はこんなふうに話しました。

皆さんも、ぜひ大好きなことを見つけてください。

仕事でも恋愛でも同じです。

仕事は人生の一大事。やりがいを感じることができるただ一つの方法は、すばらしい仕事だと心から思えることをやり遂げることです。

そして偉大なことをやり抜くただ一つの道は、仕事を愛することです。

好きなことがまだ見つかっていないなら、探し続けてください。

立ち止まってはいけない。

心に関わる他のすべてのことと同様、本当にやりたいことが見つかったときは、自分ですぐにわかるはずです。すばらしい恋愛と同じように、「見つけたもの」はときが経つとともにさらに良くなっていきます。

だから、探し続けてください。

立ち止まってはいけないのです。


（２００５年の講演　“Stay Hungry. Stay Foolish.”より一部抜粋。編集部訳）

第6章

実践編2
「パッション」の育て方

"It is the ultimate luxury to combine passion and contribution. It's also a very clear path to happiness."

Sheryl Sandberg

パッションと社会貢献が結びつくって究極の贅沢。そして、それは確かな幸せへの道でもあるの。

シェリル・サンドバーグ（Facebook最高執行責任者／活動家／作家）

パッションはすぐには育たない

さて、パッションの「芽」を発見した後は、それを育てていきますが、パッションを育てるためには、自分を応援する環境を作り出す「内からの応援」と、外から自分を応援する環境を作り出す「外からの応援」のアプローチが必要になります。

まずは、パッションの芽を見つけたら、内側から育てていくための内なる環境を整えること。その際に大切なのは、以下の４つのマインドセットです。

パッションを育てるときに役に立つ4つのマインドセット

1　急がない：気長なマインドセット
2　楽しむ：「楽しい」ことを純粋に楽しむマインドセット
3　希望を持つ：どんなときも「できる」と信じるマインドセット
4　逃げない：「無理」という逃げを断ち切るマインドセット

1　急がない：気長なマインドセット

成長の過程を楽しむのが子育てなら、パッションも同じです。自分が見つけたパッションの芽を少しずつ育て上げていくマインドセットが、パッションを結果的に大成させる秘訣なのです。

パッションは慌てて大きくしようとすると、自分の気持ちや行動が追いつかなくなり、やっぱり自分には無理だったと思ったり、興味を失ったりする原因にもなりかねません。急いで大きくしようと思わず、基礎から徐々に広げていくことです。

2　楽しむ：「楽しい」ことを純粋に楽しむマインドセット

何度も繰り返しますが、パッションを見つける際にも、そして育てる過程でも、何より大切なのは「楽しい」という感情です。

楽しいから好奇心が芽生え、もっと知りたい、もっと上達したいと思うのです。

前述したように、音楽の他にカクテル作りのパッションを持つダレンは、パッション育ての天才と言ってもいいでしょう。いつも好奇心に満ち、失敗を恐れずにどんなことにもトライしてみようという意欲に溢れています。

彼は古いカクテルの本に載っていたものを一つずつ作るうち、アメリカの禁酒法以前に作られていたカクテルに興味を持つ人たちに出会います。そこから同じ興味を持つ人々との交流が始まり、情報交換やテクニックの共有など、世界が大きく広がっていきました。

私は、ダレンの第1回目の「カクテル講座」に参加したのですが、彼の持つ知識には圧倒されたものです。その日はジンベースのカクテルについてでしたが、ジンの歴史から始まり、アメリカとヨーロッパのジンの違い、カクテルが歴史で果たしてきた役割など、聞いていていてワクワクする話の連続でした。もちろん、彼が披露する19世紀のカクテルなどの味見があったことも、ワクワク度に拍車をかけたのですが。

家族に作ってあげるだけではなく、こんなふうに講演活動までしているダレン。好奇心を持ったものを試す（挑戦）→同じ趣味の人と情報交換する（交流）→周りの人に披露する（共有）→喜ばれる（成果）といった過程が、ダレンのパッションを大きく育てていったのでしょう。彼のパッションは今後もますます広がっていくはずです。

３　希望を持つ：どんなときも「できる」と信じるマインドセット

英語で“Every cloud has a silver lining.”という有名なことわざがあります。「silver lining」は直訳すれば「銀の裏地」という意味ですが、「逆境の中の希望の光」という意味でも使われます。

「どんな雲にも銀の裏地がついている」というこの言葉はつまり、「どんな絶望の中にも必ず希望がある」という意味で使われています。

ハーバード大学社会心理学部の教授で『明日の幸せを科学する』（ハヤカワ・ノンフィクション文庫）の著者、ダニエル・ギルバート博士は、この「silver lining」を実証するかのような研究を発表しています。

彼は「望むものが得られなければ、惨めで不幸になる」という考え方を否定し、もし物事が思うように運ばなかったとしても、「心理的な免疫システム」によって、人は「人工的幸福」を作り出すと語っています。望んでいたものが手に入らなかったとしても、脳にはその代わりになる喜びを見つけ出す才能があるというのです。そして人工的な幸福感は、望んでいたものを実際に手にして得た幸福感と同じくらいリアルで、長続きすると。

つまり、幸せとは見つけるものではなく、自分で作り出すものなのです。

たとえば、私がギャラリーをやっていたときのこと。その作品に惚れ込み、ぜひ一緒に仕事をしたいと思うアーティストがいたのですが、その人はすでに他のギャラリーと契約をしていることがわかり、とてもがっかりしました。

でも、その代わりに得たことがあります。それは、また同じくらい惚れ込むアーティストを探す旅を新しく始められる、という希望の光です。どんなときも希望の光を心に灯し続けるからこそ、私たちは小さな芽を育てていくことができるのです。

サッカーなら、試合には負けたけれど、個人的にはいいシュートを決められたとか、パスがうまくいったということもあるでしょう。それが次の試合の励みになることもあります。人は不本意な出来事からも、何かしらの希望を見つけることによって前に進んでいけるのです。

どんな人でも、普段からこうやって無意識のうちに人為的な幸福感を見つけ出す能力を使っていると思います。それをあえて「意識的に」やるようにすると、物事を前向きに捉えるスキルが身についていきます。

たとえば、失敗や不運な出来事が続いて意気消沈した日でも、よく思い出してみれば、一つくらいはいいことがあったはずです。嫌なことで心が占められているときにも、いえ、そんなときこそ「そんな中でも、こんないいこともあった」と、あえて良かったことを見つけ出してみるのです。

このように、常に「物事の良い面を探す」というポジティブ思考を心がけていると、失敗したときや不本意なことが起きたときにも、そこから何かを学び取り、次に活かそうという前向きな気持ちを持つことができ、回復力が身についていくのです。

そして、「無理」と言う代わりに、「できる」を口癖にすることをお勧めします。自分にそう言い聞かせているうちに、だんだんその気になってくるからです。

また、実際にきちんと「実績」を作ることも大事です。実績は、「私はできる」という自信のもとになります。

そのためには、大きな目的に向かっていきなり大胆な行動を起こすのではなく、ゴールにたどり着くまでの流れを分解し、整理をし、計画を立て、やることの優先順位をつけ、自分が目指す地点まで、少しずつ進んでいくことが大事です。

最初は困難に思える仕事も、やるべきことを小さく噛み砕いて一つずつ着実に行動していけば、徐々に成果が出てきます。小さな成功を積み重ねていけば、大きな結果を出すことができるのです。

小さな成功を頻繁に味わうことが、「できる」を実感するには極めて有効です。

パッションを見つけたいのに「これも違う」「あれも違う」と試行錯誤が続くときも、「きっといつかパッションを見つけられるはず」と希望を持ち続けることが大事です。

希望がなければ、人は生きていけません。

同じように、パッションも希望がなければ、育てることはできないのです。

4　逃げない：「無理」という逃げを断ち切るマインドセット

パッションの芽を育てているとき、「無理」という言葉は禁句にしましょう。

なぜなら、「無理」という言葉ほど簡単な言い訳はありませんし、自分にそう思い込ませる強力な言い訳もないからです。「無理」と言った瞬間、それはパッションを諦めるための免罪符になります。そして諦めることほど、楽なことはないのです。

でも、自分が無理だと思うとき、そのほとんどのケースが自分の思い込みでしかありません。本当はもっと力があるはずなのに、一時的な失望から自分の心を守るため、もっとも簡単な「諦める道」を選んでしまう。そのときに使うのが「無理」という言い訳です。

私たちが無理だと思うのは、こんなときです。

失敗したときや上達しないとき。そして、なぜ好きだったのかを忘れてしまったとき。

私たちはもうやめてしまったほうがいいのではないかと弱気になります。

また、プロセスを飛ばしてすぐに上達したいと思うときや、結果ばかり気になるとき、自分よりも長年やっている人と始めたばかりの自分を比べたとき、自分を情けなく思うかもしれません。でもそんなとき、私たちは少し焦り過ぎているだけなのです。

また自分よりうまくできる人を見た時は、自分がやる意味はないと感じるかもしれません。

たとえば、私がワシントンDCでギャラリーを始めた頃には、すでにニューヨークにアジア現代アートのギャラリーがあり、ある人からは「もう遅い」と言われました。また、「そもそもニューヨーク以外で、現代アートを買う人はいない」とも言われたのです。

私自身も、途中でやめたほうがいいかと諦めかけたこともありました。

でも、こう思い直したのです。

他人の言葉など気にせず、そして「もう前例があるから無理」と言い訳をせず、私自身が今、どう社会の役に立てるのか、私だからできることは何かを考えればいいじゃないかと。そして、「ワシントンDCの皆にアジアの素晴らしい現代アートを見せたい」という気持ちを思い出したのです。

洋服のブランドも山のようにありますが、後発のブランドが売れないというわけではありませんよね。どの分野でも、すでに成功している企業があっても、後から出てきた企業がより大きな成功を収めることもあります。そんな例は他にもたくさんあります。

大切なのは、自分がどう社会の役に立てるのかを考えることではないでしょうか。

私の知人は醤油を作っていますが、醤油業界にはもっと大きく古いメーカーがいくつもありますから、新しい会社では太刀打ちできないように感じるかもしれません。

でも、その人が作っているのは、小麦アレルギーがある人でも安心して口にできる大豆100％の醤油なのです。一般的な醤油には原材料として小麦が入っていますが、その少量の小麦にさえアレルギーを起こす人もいるからです。

知人の作る大豆100％の醤油はアレルギーを持つ人が安心して口にできるだけでなく、小麦を摂らないグルテンフリーの食生活を送る人にも喜ばれているそうです。いまや、アメリカで「ソイソース」といえばこの製品、というくらい高い知名度とシェアを誇っています。

他にも、米粉を使用した食パンだけを作って売るベーカリーショップや、車体に使う特殊なネジに特化して優秀な製品を作る企業もあります。彼らは、「すでにベーカリーがあるから」「すでにネジを作る会社があるから」といって諦めてしまうのではなく、自分たちに何ができるのか、何がしたいのかを考えた結果、お客さまから喜ばれ、世界各国から受注が殺到する商品を作っているのです。

さらに、自分がどんなときに嫌になるのか、諦めたくなるのかというパターンを知り、事前に対処法を用意しておくのも、「無理」という逃げ道を断ち切るために有効です。

モンゴル人のある知人は、今、日本で語学学校を経営していますが、モンゴルから日本に留学するまでは、とても大変な道のりだったそうです。

モンゴルで一番成績の良い高校で、一番の成績を収めた学生だけが日本に留学できるチャンスを得られるのですが、彼はその高校には入れたものの、成績はビリから数えた方が早いくらい。でも、憧れの日本に行って勉強したいという大きな情熱を持っていた彼は、1年間がむしゃらに勉強したそうです。その甲斐があって一番の成績を収めて日本に留学し、私の出身地で知り合った女性と結婚して、今は語学学校を経営しています。

それでも、猛烈に勉強している間は何度も心が折れそうになったそうです。何しろ最下位近くからのスタートです。成績が上がらなければ、上位の人には絶対にかなわないと弱気になり、途中でやっぱりダメだと諦めたくなることもありました。

そのとき、彼は何をしたのでしょうか？

その秘訣は、オリジナルの「モチベーションノート」でした。彼はまず一冊のノートを用意し、そこに自分を勇気づける言葉、元気になりそうな言葉を３００ページ分も書き出したそうです。そして、それを毎晩、繰り返し読んだのです。すると、当初の目的を思い出して、やる気が湧いてきたそうです。

自分がどんなときに心が折れそうになるかを想像し、そんな気持ちが芽生えたときにはどう回避するかも考えておく。これはいいモチベーションアップになるでしょう。それを習慣化すれば、辛いことも乗り切れるような気がしますよね。

どんな人でも感情には一定のパターンがあります。自分がどんなときに心が折れそうになるのか、何に落ち込みやすいのかというパターンを発見しておくことは大事です。

たとえば、人に負けたらやる気がなくなるという人は、人との比較ではなく自分自身に焦点を当て、「今日、自分が得たもの」について考えるようにしてみたらどうでしょうか。

心が折れそうになる前に、自分を救うための回避策を用意しておいて「無理」という逃げ道を断ち切るのです。

パッション育てのマインドセット

そして、ご紹介したこの4つのマインドセットを、紙に書き出して壁に貼っておくことをお勧めします。こうしたことは本で読んだり、話に聞いたりして、そのときはわかったように感じていても、すぐに忘れてしまうからです。

コーチングでも、書く作業の大切さを強調しています。忘れないようにするには、「見える化」するしかないのです。

また、パッション育てのマインドセットを育むためには、スポーツも効果的です。なぜなら、スポーツには内なる環境と外の環境を育むすべての要素が詰まっているからです。

たとえば、チームスポーツでは同じ目標に向かって進む仲間がいます。仲間と励まし合い、楽しみながらプレイすることで、こうしたマインドセットを育むことができます。

また、練習する習慣がつくのもスポーツのメリットです。練習すればするほど、できなかったことができるようになり、練習と結果の因果関係を実感することでしょう。

さらにスポーツは、「いつまでに」「ここまでやる」という目標を立てやすいという面もあります。どこまで上達したかという成果もわかりやすいため、やる気も続きます。自分はどういうことが苦手で、どこを伸ばせばいいのか、どこを修正すればいいのかというフィードバックができるのも、スポーツの良い面です。

もちろん勝ち負けもあります。でも、たとえ負けても、それを次の試合に活かすことができますから、希望を失わずに続けることができます。

何より重要なのは「楽しい」ということです。チームスポーツでも個人スポーツでも、練習を重ねることによって上達していく過程を楽しめるということが、パッション育てのマインドセットを育むのです。

外側から自分を応援する環境

さて、いざパッションの芽を発見し、内なる環境やマインドセットを整えた後は、どうすればいいのでしょうか。

次は、外側から自分を応援する環境を作り出す「外からの応援」です。

その際は、以下の4点を心がけます。一つずつお話ししていきましょう。

1　「カニ」を避けて、自分の外の環境を整える
2　「好きかも」と感じたら、機会を作り出し、何度も体験する
3　自分の応援団を作る
4　内向きのパッションを外向きのパッションに育てる

１「カニ」を避けて、自分の外の環境を整える

パッションを育む環境を作るために、はじめにすることは何でしょうか。それは、カニを避けることです。

カニっていったい何でしょうか？　何だかゲームの中のお話のようですが、カニとは、あなたのパッションを妨害する人たちのことです。

たくさんのカニを箱に入れると、必ず1杯や2杯、這い出ようとするカニが現れます。すると、他のカニは寄ってたかって、そのカニを引きずり下ろそうとするそうです。

人間の世界にも、そんな人っていますよね。「あなた一人だけが成功するなんて許せない！」という人。現状にとどまっている人、後ろ向きの人は、必ずあなたを引きずり込もうとします。「皆で一緒にがんばりましょう」ならいいのですが、カニは「皆で一緒にがんばらないようにしましょう」なのです。

ある友人が、こんな話をしてくれました。

彼女には仲良しのママ友が数人いたのですが、その中には自分のやりたいことをやっている人はなく、彼女たちは毎日のように時間を持て余しては長いランチをし、ワインを飲み、夫や家族の愚痴、そして他のお母さんの悪口を言い合っていたそうです。

でも、あるランチの最中に彼女はふと思いました。

私が求めているのはこんな人生じゃない。もっと違う人生があるはず。このままこの人たちとここにいたら、私はもっとダメになってしまう！　と。

そこで彼女は勇気を振り絞り、ママ友とのランチには行かないことにしました。それ以来、どんなに電話がかかってきても集まりには行かないと決めたのです。ママ友たちは何度も電話をかけてきましたが、断り続けているうちに電話もかかってこなくなりました。

そして彼女は今、その時間を使って、自分が本当にやりたいことを探しているそうです。

グループからきっぱり離れるには勇気がいりますが、自分と同じような状態に引きずり下ろそうとするネガティブな人たちの影響力は計り知れません。そういう人たちから距離を保っておくことが大事です。

2 「好きかも」と感じたら、機会を作り出し、何度も体験する

パッションを育てていくためには、経験を重ねるということが大事です。

そのためには、時間、発掘、情報の３つの外的環境が必要になります。

・時間を確保する

パッションを育てるには、まず時間が必要です。何事もすぐには達成できません。まず

は1日15分でいいから、スケジュールにパッション育ての時間を確保することです。これは何があっても譲れない最重要事項です。消えないように、また頻繁に変更できないよう、しっかり太字のボールペンで記入しておきましょう。

そして、習慣にするためには、できるだけ毎日同じ時間に実践することです。そうすると、「面倒だな」と思う気持ちがムクムク湧き起こってきても、「そういうことになっている」と体が自然に動くようになっていきます。怠け心や「やりたくない言い訳」というパッション育ての敵をやっつけるためには、習慣化してしまうことです。

また、最初は大げさに考えず、「自分のための時間」を15分持つ、ということだけでもいいと思います。まずは自分のための時間を確保する習慣を作ることが大事なのです。

・興味を掘り下げる発掘作業

パッションを見つけ、時間を確保したら、次は掘り下げていく作業です。見つけたものは本当にあなたのパッションなのでしょうか？　それを確かめるには、とにかく何度もそのパッションの芽を経験してみるしかありません。

もしも「アートが好きかも」と思ったら何度もギャラリーに通い、アーティストトークなどにも参加し、画集・作品集をたくさん見てみるなど、「好き」に触れる機会を何度も設けること。

何度も経験する機会を設けるというのは一見簡単そうですが、実はそれほど簡単なことではありません。本当に何度も経験する機会を持てるとしたら、それだけ自分の気持ちがそこに向いているということ。人は好きでないことに進んで努力はできませんから。

・情報収集する

さらに、そのパッションの芽を育てるためには、情報や知見が必要です。

便利な時代ですから、本やインターネットで調べるのもいいのですが、私は人と直接会って話を聞くことが大事だと思っています。

私がギャラリーを開こうと思ったときには、長い時間をかけ、業界の人やその道のエキスパートなど50人以上の人に話を聞きました。

この仕事の良い面と悪い面、また目標達成のためのいろいろな道のりなどを知ることができただけでなく、自分のやりたいことをすでにやっている人たちの間に身を置くことで、実現性を実感することができたのです。

また当然のことですが、人に話を聞けば、より多くの方法を知ることができます。

たとえば、私はギャラリーをオープンするためには3億円が必要だと言われたことがありました。それを聞いて私にはとうてい無理だと思いましたが、その一方で、インターネットギャラリーを開いたあるオーナーは、150万円程度でできたと言うのです。インターネット上のギャラリーという特殊な例でしたが、いろいろな方に話を聞くうち、ギャラリーを経営するには多様な方法があるという当たり前のことがよくわかりました。

また、直接会って話を聞くことは、人脈という財産にもつながっていきます。

私が質問をしにいくと、それに答えてくれるだけではなく、親切に他の人を紹介してくれる方もいたのです。彼らは話をした後、私を次の人につなげてくれました。そんな人のつながりが後から役立つこともありました。本やネットでは得られない大きな財産です。

さらに、パッションを持つ人たちに話を聞いていると、相手の熱い情熱に触れることができて、聞いているこちらまで元気が湧いてきました。誰かのパッションについて聞くことは、自分のパッションを育てるモチベーションにもつながっていくのです。

もしも、このように一対一で話を聞くのが難しいなら、大学の講座やイベントなどで、講師に質問をしてみるのもお勧めです。また、そうした場には同好の士もたくさん来ているはずですから、気さくに話しかけてみると、いい仲間ができるかもしれません。

3　自分の応援団を作る

そして、パッションを育むには、周りの励ましや応援が必要です。

まず前述のようにカニは極力避け、自分の周りをパッションのある人で囲むこと。

さらに応援団に必要なのは、自分のパッションを「心から」応援してくれる人です。

周りにパッションを応援してくれる人がいたら、時々フィードバックをしてもらうようにするといいでしょう。この場合のフィードバックとは、今やっていることについての意見を周囲から聞いたり、より良くするためのアドバイスを受けたりすることです。

同じパッションを持つメンター（指導者や助言者）、また仲間を増やすことも大事です。自分一人で考えたり、行動したりするよりも、世界は大きく広がっていくからです。

周りをパッションに向かってがんばっている人で囲むと、その影響で自分のパッションに対する思いも自然と高まっていきます。

私の周りにも、ありがたいことに、パッションを持って日々を生きているお手本のような友人や知人がたくさんいます。

知人の皮膚科医は通常の診察をする以外に、自分の親の出身国である東欧の小国を頻繁に訪れては、技術の遅れている現地の再生医療の指導をしているそうです。

もう一人の知人の医師は、口唇裂《こうしんれつ》口蓋裂《こうがいれつ》などの先天異常治療のエキスパートですが、ボランティアで海外の医療現場に行っては現地で医療指導をしているそうです。それも、本業の仕事を休んで1か月間ボランティアをしてくるなど、生半可な情熱ではありません。自分の持つ知見や技術を、人の役に立てたいという気持ちがとても強いのです。

彼らを見ていると、私ももっと人の役に立てないだろうかという思いが湧いてきます。パッションを育てたかったら、自分をパッション育ての環境に置くことが大事なのです。

私は娘のスカイにも「友達は選ばれるものではなく、自分で選ぶもの」と話し、自分の周りを良い影響を与えてくれる友人で囲むことの大切さを伝えていました。アメリカは日本に比べて同調圧力が強くはないものの、やはり友だちの影響力は少なくないからです。

たとえばパッションを持っている子たちは、すべてがうまくいくとは限らないということを自分の体験で知っているため、たとえ不本意なことや辛いことがあったとしても、すばらしい励ましのチームとなります。そういう子は「次にがんばればいいよ」とありきたりな励ましをするのではなく、「どうしてうまくいかなかったのか」を一緒に考え、次に活かせるような応援をしてくれるのです。

また、パッションを持っている子は、好きなことに打ち込んでいるために、常に心がポジティブになっており、明るい性格の子が多いようですし、目標を達成するために自分で計画を練り、それを少しずつ実行していき、結果を出すことが習慣として身についていきます。

目標を達成するために適切な意思や行動を維持する能力のことを「実行機能」といい、アメリカの教育界では「自分で考える力」や「クリティカルシンキング（批判的思考法＝問題を見つけ分析解決していく思考）」と並んで育てるべき能力だと言われていますが、こうした能力が高い子も少なくありません。なぜなら、彼らはパッションを通じて「自分からやる子」に育っているからです。忙しいスケジュールを効率よくこなすためのタイムマネジメントスキルにも長けているため、彼らは総じて学校の成績も優秀です。

実際、スカイはパッションを持って何かに打ち込んでいる子ばかりで自分の周りを囲んでいましたが、その環境は彼女に良い影響をもたらしていたようです。

一人で目標に向かってがんばるのは、とても大変なことです。喜びも苦しみも共有できる人がいなければ虚しく苦しいだけ。そして、いつかやめてしまうかもしれません。

でも、同調圧力も、そのメンバーが「パッションを持つ人たち」なら、大きな力となり得るのです。

前に進みたかったら、引きずり下ろそうとするカニではなく、パッションと共に前に進んでいる人や前に進みたい人で自分を囲むことです。

4 内向きのパッションを外向きのパッションに育てる

最後に、パッションを育てる上で最も重要な要素についてお話ししましょう。

パッションの芽が大きく育っていくと、ある感情が生まれてきます。

それは「外向きのパッション」です。

自分が好きなことをしているときは、心がポジティブに、開放的になっています。また大変なことも経験しながらパッションを育てているため、共感力や社会性も育まれます。

そんなときに芽生えるのが、これまでにも何度か触れたような、「私は何のために、これをやっているのか？」「これで社会や人の役に立つことはできないか？」という気持ちです。自分の内側だけに向かっていた興味が、自分の外の社会にまで広がっていくような情熱。これを私は外向きのパッションと呼んでいます。

パッションを育てる手順で、この手前まで経験する人はたくさんいます。

でも、私はもっと多くの人にその一歩上を行き、外向きのパッションを育ててほしい、そして最高の幸せを感じてほしいと願っています。

外向きのパッションの育て方について、もう少し詳しくお話ししましょう。

「あなたには無理」の大合唱の中で

２００４年３月14日。

その日は、朝から雪が降っていました。

ワシントンＤＣは少しでも雪が降ると交通麻痺状態に陥ります。私はギャラリーの入り口に佇みながら、もうダメだと大きな絶望を感じていました。

なぜなら、その日は待ちに待った念願のギャラリーオープンの日だったのです。この日のために、私はギャラリーの作品を揃え、オープニングパーティの準備をしてきました。でも、今日はきっと一人も来ないでしょう。こんな雪の中、大変な思いをしてまでやってくる人はいないはずです。私を信じて作品を提供してくれたアーティストには、いったい何と言って謝ればいいんだろう……。朝から私は悲観的なことばかり考えていました。

そのアーティストは小林浩さんという方です。今は世界中で大活躍するアーティストですが、当時、ギャラリーを持たない私が多くのアーティストから断られ続ける中、彼だけが唯一、「ボークさん、やりましょう！」と言って協力してくれたのです。

彼のその言葉で私は慌ててギャラリーを開く場所を探し始めたのですが、それくらいアーティストたちからさんざん断られ続けていたということです。

　でも、そんなふうに彼は私に全幅の信頼を寄せてくれたというのに、オープン初日から雪。私は小林さんに申し訳ないという気持ちでいっぱいだったのですが……そこへふと、一人のお客さまが現れたのです。

　すると、もう一人。またもう一人。その後も、続々とお客さまがやってくるではありませんか。皆、分厚いコートを着て、長靴を履いて。結局、１００人以上のお客さまが来てくださり、小さなギャラリーはいっぱいになるほどでした。

　ある友人にはこう言われました。

「あのシゲコがやっとここまで来たっていうのに、私たちが来ないわけないじゃない！友だちも連れてきたわよ！」

　何と頼もしい、嬉しい言葉でしょうか。

　友人がそう言う通り、その道のりは本当に長いものでした。はたきかけのボランティアから始め、美術館の他の仕事もできるようになり、少しずつ自分自身の仕事も増やしていって、応援してくれる人も徐々に出てきました。

　でも、そもそも成功するのが非常に難しいアートの世界です。しかもアジアの現代アートという超ニッチな分野に加え、私は特別なコネもないアジア系の新参者。ギャラリー経営をしたこともないのです。「あなたには絶対に無理」と何度言われたかわかりません。

でも、そのたびに周りの人に「こんなことを言われちゃった……」と話していたので、知らず知らずのうちに周りも応援してくれるようになったのでしょう。

また、時間をかけてパッションを育ててきたことで、知り合いが知り合いを紹介してくれる機会も増え、つながりも少しずつ多くなっていきました。

でも、もしもこのギャラリーの誕生が私欲によるもので、「有名になりたい」「認められたい」とか「金持ちになりたい」など自己実現のためだけだったら、きっと誰も共感してくれなかったことでしょう。

前にもお話ししたように、私のパッションが「アジアの人たちの素晴らしさを皆に紹介したい。アジアの人たちを元気にしたい」という外向きのパッションに変わったからこそ、多くの人が共感し、応援してくれるようになったのです。

「外向きのパッション」のパワー

そのきっかけは、これも前に触れたように、娘の4歳児クラスで先生が話していたことでした。「この夢は、誰かのためになるのだろうか？」という視点です。

娘の学校ボーヴォワール校では常に「社会のために自分はどうしたいのか」を考えさせ

る教育を行っており、子どもたちはなんと4歳からボランティア活動を始めていました。

それはもちろん、小さな子どもでもできるような、ささやかなものです。

皆でおやつを持ち寄って詰め、ホームレスの人たちに食事を提供する施設に持っていったり、感謝祭のために家から缶詰を持ち寄って提供したり、洋服やおもちゃを施設に寄付したり。そうした活動を通じて、子どもたちはどうしたら人の役に立てるのか、社会の役に立つことができるのかを学んでいきます。

そのとき鍵になる言葉が「cause」です。cause とは、人を動かす理念や信念などを意味します。

自分の意見や考えをしっかり持ち、自立している人が次に目指すのが、社会の役に立つということ。人は一人では生きていけません。家族や学校、地域、職場、コミュニティ、国、世界など、さまざまなものとつながっているからこそ生きていけるのです。

多くの企業がＣＳＲ（社会貢献活動）を掲げているように、企業も利益だけを追求していると非難の対象になる時代です。貧困問題や環境問題、社会活動などにサポートする企業も増えていますが、個人にも、社会をより良くするために積極的に関わっていくことが求められています。自分の人生を自分だけの満足で完結させず、自分を取り巻く社会に目を向け、どうしたらより良くしていけるかを考えられる、「cause」を持つ人材が求められているのです。

パッションも、自分一人のためだけのものだったら、単なる自己満足に終わります。共有できる人や分け合う人がいるからこそ、私たちは達成することに幸せを感じるのです。

自分のためだけに「好き」をとことん追求する内向きのパッションは人生を楽しく広げてくれますが、好きでなくなればすぐにやめてしまう、少し弱いパッションとも言えます。

一方、外向きのパッションには、「何のためにやるのか」「誰のためにやるのか」「どんな変化を与えたいのか」など、その目的が明確に存在するため、外向きのパッションを持つ人は少々の障害では諦めません。目的と意義を持つ強力なパッションと言えます。

前出のアンジェラ・ダックワースの『やり抜く力』には、心理学者のベンジャミン・ブルーム氏のある研究が紹介されています。

ブルーム氏は、世界のトップクラスのアスリートやアーティスト、学者など、各分野のトップに立つ多くの人にインタビューを行い、その地位まで上り詰めた秘訣について調査しました。そして、彼らに共通する学習形式「3段階の発展形式」を見つけたのです。

「3段階の発展形式」とは、以下のようなものです。

①まず、自分が楽しいと思うことに興味を持つ
②個人的興味からスタートして、真剣に取り組むようになる
③最終的に、人の役に立つという「目的」を見出す

ブルーム氏によれば、こうした学習形式を経た人はやり抜く力が強く、特に最後の「目的」を見出すことが重要であると述べています。自分が取り組んでいることが自分のためになるだけではなく、人の役に立つという目的や意義が、やり抜く力を与えるのだと。

さらに、イエール大学経営大学院のエイミー・レズネスキー教授の調査によると、どんな職種にも、その仕事が自分の天職であり、人生にとって大切なものであるばかりか、世の中を良くするのに役立っていると考える人が一定の割合で存在するといいます。

つまり、どんな仕事でも、人の役に立つという目的を見出すことができるということ。

たとえば、レズネスキー教授はごみ収集の仕事が自分の天職だと思っている男性の声を紹介しています。汚れるし、疲れるし、大変なこともある仕事ですが、彼がその仕事を天職だと思う理由は、「社会にとって重要な仕事だから」。教授は、職種の違いよりも重要なのは、本人が自分のやっていることを「どう思っているか」だと言います。

それは仕事だけでなく、パッションにも言えるのではないでしょうか。

そのパッションを持続させ、大きく育てていくには、自分から積極的に目的意識を掘り下げることが大事です。自分が今やっていることは、世の中の役に立っているのだろうか、社会全体の利益になるのだろうか、と考えてみることで、より大きな目的を見出し、よりパワフルな炎へと進化させることができるのです。

以前、あるお母さんにこう聞かれたことがあります。

「うちの子はテレビゲームが大好きで、とても集中して毎日5時間やっています。これって、この子のパッションなのでしょうか?」

はい、きっとパッションなのでしょう。でも、それは今のところ自分だけの内向きのパッションです。できるなら、それを外向きのパッションに育てる手伝いをすることです。たとえば、自分がゲームをすることで得をする人はいるか? ゲームを通して誰かのためになることができるか? そうしたことを子どもに考えさせるのです。

たとえば娘の学校ではクリスマスに貧困層家庭の子どもにおもちゃを寄付していましたが、こうしたチャリティイベントにゲーム機を送るのもいいでしょう。

また毎日5時間もプレイするほどゲームが好きなら、プレイするだけでなく作る側に回り、ゲームをすることで何かを学べるとか、社会貢献できる仕組みを作るとか、大好きなゲームを通じて、社会や人の役に立つことを考えてみてもいいのではないでしょうか。ゲームが好きな自分だからこそ、できることは何かと考えてみることは、パッションを内向きから外向きのものへ育てていきます。

もし何も考えつかないし、自分には関係ないと思ったら、それは内向きのパッション、つまり自分の快楽と欲望を満たすだけの「好き」にすぎません。

やるべきことを全部やった後なら、ゲームは好きなだけやらせてもいいのではないでしょうか。そうして、他に外向きのパッションを見つけられるようにしましょう。

パッションを外向きに育てるためには、常に「何のためにやるのか」「誰かの役に立つのか」「それによって誰かを幸せにすることができるのか」を問うことが大切です。

人は多くの人と助け合い、支え合いながら生きています。誰しも社会の一員であり、世界の一員でもあるのです。その一人ひとりが素晴らしい人生を送るためには、個人個人が「社会にどう貢献するのか」を考えることが重要です。

最高の人生のために

人生には、誰かが決めた「正しい答え」はありません。

それぞれの人が、それぞれの方法で探し出していくものです。

だからこそ、私たちは「どんな人生を送るべきか。なぜ生きるのか」と悩むのです。

吉野源三郎さんの『君たちはどう生きるか』が再版されてベストセラーになったように、人生の意義を見出したいと思いながら、それができずに迷う人は少なくありません。また、「こうしたい」と思っても、それを叶える方法がわからない人もいます。

そのために、ここまでパッションについてお話ししてきたように、内側と外側の2つの視点を持つことが大事だと思っています。

内側の視点とは、自分自身を見つめるということ。自分と対話し、自分が何をしたいのかをじっくり突き詰めることです。

外側の視点とは、自分を取り巻く社会を見つめるということ。この世界で今、人々はどう暮らし、どんな問題を抱えているのか。自分が役に立てることはないか。

その2つの視点を持てば、「自分はどう生きていくべきか」という答えも、自ずと見つかるのではないかと思っています。

「何のために」――この問いが、あなたの人生を必ず変えていきます。

想像してみてください。

自分の好きなことや情熱を感じることをして、それが誰かの役に立ち、社会をより良くするとしたら。これほど素晴らしいことがあるでしょうか。

自分一人だけで満足して生きるより、その喜びを分かち合える人々がいれば、人生はもっと幸せに、そして生きがいのあるものになるはずです。

そんな最高の人生を送るために、絶対に欠かせない、ただひとつのもの。

――それが、パッションなのです。

さいごに

２０１７年夏、娘が「全米最優秀女子高生」大学奨学金コンクールで優勝して以来、母である私にたくさんの取材依頼をいただきました。その中でも特に印象深いのがあるテレビ番組。一週間ほどワシントンＤＣで暮らす我が家にカメラが密着するというので最初は一体どうなることかと思ったのですが、不思議なものでカメラがそこにあることなどあっという間に忘れてしまいました。番組ではカットされている部分もありますが（何しろ一週間分の密着を20分にするのですから）、私の友人や日常生活で関わる多くの人たちとの時間がそこには記録されています。そこで一番多く私たちの口にのぼった言葉が「パッションョン」だったのです。

「What is your passion?」そう言いながらピンクのジャケットで歩き回る自分の姿をテレビで見た時は気恥ずかしさでいっぱいになったのですが、今思えばあれがすべての始まりだったような気がします。

番組スタッフである熊谷航太郎さん、大野ももさん、阿部乃樹さん、素晴らしい経験をありがとうございました。

番組放送後にスーパーに行ったら、子どもたちが「あ、パッションの人！」と寄ってきてくれて、また講演会に行くと必ず「パッションはどうやって見つけたらよいのでしょうか？」と聞かれるようになりました。いただくメールでも一番多いのがパッションに関する質問やコメントです。私がアメリカでパッションという言葉に出会って今年で20年。何のために生きているのかもわからず呼吸するだけだった私の人生を「今日も生きてる！」と心から人生をエンジョイできる毎日に変えてくれたパッション。皆さんのおかげで、私が初めて「パッション」という言葉に受けた衝撃を再体験することができました。「あー、そうだった。パッションが私の人生を変えてくれたのだ」と。

私が寝起き同然のボサボサ頭でサロンを訪れるとギャラリー時代からの大好きなスタイリストが「大丈夫。僕が重子を綺麗にしてあげる。なんと言ってもそれが僕のパッションなんだから」と囁いてくれます。私が最も信頼する皮膚科のお医者さんの家に遊びに行けば、そこではすでにパッション談義が交わされていました。タクシーの運転手さんは「僕のパッションは何といっても子どもとの時間」と言います。アートを使って人間関係を円滑にする活動をしている友人のスタジオでは「見て、これってすっごいパッションじゃない？」と、昨夜のイベントで参加者全員で作った作品を見ながら皆で盛りあがっています。

私の周りは「パッション」で溢れていたのです。

こうして本当にたくさんの方が私にパッションの大切さを振り返る機会を与えてくださったおかげで、この本は生まれることができました。私にこのチャンスをくださったすべての方に心からの感謝を込めて本書を贈りたいと思います。本当にありがとう。皆さんは私の大切な宝物です。

人生100年時代の折り返し地点を通過した今、私のパッションは「非認知能力の大切さ、そしてその入り口となるパッションの見つけ方と育て方を一人でも多くの方に伝えたい」ということ。朝起きて愛犬とお散歩し、夫と朝ごはんを食べた後仕事をし、ランチタイムにエクササイズをしてお昼寝の後にまた仕事。そしてディナーを夫と楽しみ、時に娘とメッセージのやり取りをし、映画を見たり本を読んだりしてベッドに行く。そんな私の人生は端から見たらちっぽけな人生かもしれない。だけど私にとってはかけがえのない大切な人生。一瞬一瞬がパッション溢れる大切な時間。この人生を最大限生きられるのは自分だけなのです。誰もが人生の折り返し地点に立てるわけではありません。そんな幸運を与えられたのだからこそ、そんな自分の人生をこれからもパッションと共に歩み続けたいと思います。パッションがあれば、どんな時も人生に感謝しながら「ライフイズグッド（人生はすばらしい！）」で眠りにつき、今日も生きていることに感謝して「ライフイズグッド」で目覚めることができる。そんなパッションある人生の幸せとパワーを皆さんに感じ取っていただけたならこれほど嬉しいことはありません。

「パッションの本を作りましょう！」と企画提案してくださった小学館の下山明子さん、アドバイスの一つ一つにどんなに元気づけられたことか。プロジェクトをやり遂げることができたのは下山さんの励ましがあったからこそです。本当にありがとうございました。そして構成協力の真田晴美さん、エージェントの宮原陽介さん、今回も大変お世話になりました。

最後に、いつも私を信じ支えてくれた両親、私にパッションの大切さを教えてくれた夫ティム、そしてパッション人生を歩き始めたばかりの娘スカイに愛を込めて。ティム、シニア世代を満喫するあなたの次なるパッションは何ですか？　スカイ、パッションの旅を始めたばかりのあなたはどんな人生を描いていくのでしょうか？

with Love,

２０１９年10月

ボーク重子

ボーク重子　Bork Shigeko

作家、ICF会員ライフコーチ。福島県出身、米・ワシントンDC在住。

30歳の誕生日前に渡英、ロンドンにある美術系大学院サザビーズ・インスティテュート・オブ・アートに入学。

現代美術史の修士号を取得後、フランス語の勉強のために訪れた南仏の語学学校で、アメリカ人である現在の夫と出会う。1998年渡米、出産。子育てと並行して自身のキャリアも積み上げ、2004年、念願のアジア現代アートギャラリーをオープン、2006年、ワシントニアン誌上でオバマ前大統領（当時は上院議員）と共に「ワシントンの美しい25人」のひとりとして紹介される。また、一人娘スカイは2017年「全米最優秀女子高生」コンテストで優勝、多くのメディアに取りあげられた。現在は全米・日本各地で、子育て・キャリア構築・ワークライフバランスについて講演会やワークショップを展開中。著書に『「非認知能力」の育て方』（小学館）、『世界最高の子育て』（ダイヤモンド社）などがある。

＊著書エージェント　アップルシード・エージェンシー
http://www.appleseed.co.jp/

カバーデザイン　渡邊民人（TYPEFACE）
本文デザイン　清水真理子（TYPEFACE）
構成協力　真田晴美
帯写真　Konstantin Yuganov
-stock.adobe.com
編集　下山明子

「パッション」の見つけ方

「人生100年ずっと幸せ」の最強ルール

2019年　11月6日　　初版第一刷発行

著　者　ボーク重子
発行人　小川美奈子
発行所　株式会社　小学館
〒101-8001 東京都千代田区一ツ橋2-3-1
電話　編集　03（3230）4265
販売　03（5281）3555
印刷所　大日本印刷株式会社
製本所　牧製本印刷株式会社

ISBN978-4-09-388716-8